Flower & Table Design

플라워 & 테이블 디자인

김경애
김경임
김경미
정 경
유지현
권희경
한고운
이지은

(주)교 문 사

책을 내면서

테이블을 세팅하고 그 위에 놓이는 센터피스(center-piece)인 꽃 작품만 생각해도 식욕이 나고 마음이 절로 아름다워집니다.
테이블 플라워(table flower)는 단순한 상차림뿐 아니라 테이블 위의 아름다움을 더해 주는 예술입니다. 30여 년 가까이 꽃이 최고라고 생각하고 꽃이 가지고 있는 아름다움에 취해 살았습니다. 꽃과 더불어 오랜 세월을 보내면서 꽃과 인연이 되어 수많은 사람들과 스쳐지나갔습니다. 그 많은 사람들 중에 김경임 교수님과 푸드앤스타일의 김경미 대표님, 유지현 선생님, 정경 선생님 등 이분들은 나에게 있어 이 책을 만들 수 있게 해 주신 인연들입니다.
함께 할 수 있어 좋았고, 바라만 봐도 힘이 나는 분들입니다. 꽃 이외에는 아무것도 관심 두지 않았던 나에게 테이블 세팅에 대한 호기심을 부여했고 꽃과 테이블을 하나로 만들게 해 주었습니다. 열심히 노력하는 그분들이 그저 훌륭하게만 느껴집니다.
테이블 위에 장식되는 꽃이 너무나 아름답고 작품을 만드는 사람의 마음은 파티를 주관하는 사람과 일치하겠지요. 여러가지 방법으로 아름다움을 표현하지만 테이블 위에 꽃이 더욱더 빛나도록 이 책이 기초가 되길 바랍니다.
꽃 예술의 보급과 창작 활동, 후배 양성, 이 모든 것이 오늘이 있기 위함이었습니다. 꽃 작품을 함께 하신 김정희 선생님과 김지연, 권희경, 한고운, 이지은 선생님께 감사드립니다. 맑고 밝은 모습으로 힘든 일도 웃으면서 도와준 채인이, 최하영, 홍나진 학생들에게 꽃과 테이블을 공부하는 학생들이기에 더욱더 값진 경험이라 생각합니다.
진정으로 감사드립니다. 생화이기 때문에 촬영하기 힘들었지만 묵묵히 촬영해주신 신명우 실장님께도 감사드립니다.
생각이 곧 시작입니다.
생각만 하지 말고 행동으로 꽃과 테이블을 접하시기를 바랍니다.
이 모든 건 함께 해서 이루어진 것입니다.
작품하는 동안 너무나 행복했고 서로에게 너무나 소중한 경험이 되었습니다.
모든 이의 마음과 꿈이 담겨진 소중한 이 책이 테이블과 꽃을 공부하는 분들에게 가까이 접할 수 있게 되었으면 하는 마음으로...

대표저자 김경애

차 례

Flower

Contents

& Table Design

Flower & Table Design

I

플라워 & 테이블 디자인의 이해

1. 플라워 & 테이블 디자인의 정의
2. 플라워 디자인의 역사
3. 플라워 디자인의 요소
4. 색채와 플라워 디자인
5. 도구의 이해
6. 꽃의 관리와 환경

1. 플라워 & 테이블 디자인의 정의

플라워 디자인이란

플라워 디자인은 정서적이면서도 미를 추구하는 예술적 창작활동으로 꽃과 식물, 그 밖에 여러 가지 재료를 사용하여 목적에 따라 생활공간을 아름답게 장식하는 것이다. 화훼식물을 주 소재로 인간의 창의력과 표현능력을 이용하여 공간의 기능과 미적 효율성을 높여 주는 장식물을 제작하는 것으로, 꽃꽂이에서부터 오브제에 이르는 시 · 공간적 조형예술 활동을 총칭하는 종합적 개념이다.

테이블 디자인이란

우리들이 항상 사용하는 테이블은 사람들이 편안하고 즐거운 마음으로 개인적 혹은 사회적 관계에 있는 사람들과 식사하는 공간과 분위기를 제공하여 주는 것이다. 테이블 위에는 여러 요소들이 필요하게 되는데 광의적으로는 리넨류, 식기류, 커트러리류, 글라스류, 센터피스 그리고 액세서리류로 구성된다. 이들을 테이블 아이템이라 부르기도 하며 그 외의 아이템들은 디자인을 돋보이게 하기 위한 경우나, 테이블 위의 계절감을 나타내거나 대화의 즐거움과 흥을 돋우어 주는 모티브로서의 역할을 위하여 놓여지기도 한다. 이러한 테이블 스타일링은 각자의 기호와 라이프 스타일에 응용해 볼 수 있다.

> 테이블을 세팅하는 것은 멋진 인생을 창조하는 것과 같다.
> 테이블 아이템에 의해 더 아름다워질 수 있으며 그 결과들은 훨씬 더 매력적이다.
>
> – Tessa Evelegh

2. 플라워 디자인의 역사

동서양의 전통 플라워 디자인의 특징을 보면, 동양 플라워 디자인에서는 표현 방법에 있어서 선과 공간의 여백의 미를 중요시하며 단순한 표현을 보여 주고 있으나, 서양의 플라워 디자인은 형태, 색감, 양감을 중심으로 기하학적인 표현방법이 나타나 있다.

동양식 꽃꽂이는 민간신앙, 불교와 관계가 깊고 동양철학이나 자연관이 작품에 상당히 반영되고 있으며, 신을 모시고 숭배하는 신수사상에서 그 기원을 찾아볼 수 있다.

한국 플라워 디자인의 역사

한국의 전통적인 플라워 디자인은 한국의 기후환경에 따른 식생활과 관습, 종교 등에 따라 불전, 신전, 헌공화, 생활공간의 장식, 꽃을 통한 미(美)의 창조, 조형예술적인 디자인의 기법 도입 등 창의적이고 조형적인 면이 첨가되어 발달하였으며, 동시에 인위적인 창조미를 추구하는 다양한 양식의 꽃꽂이가 개발되었다.

(1) 삼국시대(18BC~668AD)와 통일신라시대(668~935AD)

중국의 문화권에 속하였던 삼국시대와 통일신라시대는 우리의 고유 문화에 중국문화가 접목된 시대이다. 특히 백제의 문화가 일본으로 많이 전래되어 백제의 불전공화는 일본으로 전수되었고, 후에 이것이 일본의 생화 이케바나의 시초가 되었다.

◐ 쌍용총 주실북벽의 벽화(고구려)

◐ 안악2호분 현실동벽 비천상(고구려)

◐ 관경변상도의 불전공화

(2) 고려시대(935~1392AD)

신라에서 전래된 불교가 전성기를 맞이하면서 불교문화의 역사가 꽃을 피우고 불전공화도 생활화되어 부처님의 공양이나 역사의식 등의 실용적인 목적뿐만 아니라 생활 속에서 감상의 대상이 되었으며, 꽃의 용도도 다양해져서 꽃꽂이가 하나의 분야로 독자적인 기틀을 마련하게 되었다. 궁중에 꽃을 꽂거나 관리하는 관직이 생겼으며 꽃문화가 많이 발달하게 되어 궁중 연회 장식에도 이용되었다.

해인사 대적관전 벽화의 꽃바구니

(3) 조선시대(1392~1910AD)

조선시대에는 단순히 꽃을 꽂는 것에 그치지 않고 그 자체에 정신적인 가치를 중시하고 사용하는 소재에도 의미를 부여하였다. 매화, 대나무, 난, 국화는 사군자라 칭하여 매화는 지조 있는 선비의 기상, 대나무는 곧은 성품, 난은 절개와 기품, 국화는 고고함을 상징하였다. 이 시기에는 여러 가지 플라워 디자인의 형태가 발달하여 꽃꽂이가 하나의 정신문화로 등장하였다.

책거리병풍도(조선시대)

김홍도의 고사도

강화 정수사 대웅전 꽃살문

(4) 근대(일제시대 : 1910~1945AD)

조선시대 이후 우리나라의 플라워 디자인은 일본의 식민통치하에 민족문화 말살정책으로 많은 침체와 암흑기를 갖게 되었다. 근대의 궁중 꽃문화는 사라졌지만 민속 신앙과 민간인들 사이에서 혼례나 일반 행사에 꽃을 사용하여 주변공간과 몸에 장식을 하는 꽃문화가 있었다.

(5) 현 대

1950년대 이후 새로운 서양의 문화들이 들어오고, 세계의 여러 나라들과의 문화교류가 활발하여 다양한 스타일이 세분화되어 그 활용범위가 넓어지면서 각 나라의 전통적 혹은 현대적인 양식과 혼합되어 독특한 양식으로 변환되고 있다.

서양 플라워 디자인의 역사

(1) 고 대

•• 고대 이집트(Egypt : 2800~28BC)

파라오가 신의 전신이라 여겼던 이집트인들은 왕이 사망하면 그를 위해 수많은 건축물을 만들었으며, 집의 장식이나 개인적인 장신구뿐만 아니라 종교의식에도 꽃을 사용하였다. 플라워 디자인은 단순하고 반복적인 성향을 지닌 매우 세련된 형태로 중요 삼색인 빨강, 노랑, 파랑을 주로 사용하여 색채와의 조화도 고려하였으며 무지개 여신의 꽃이었던 연꽃과 수련을 신성시하였다.

플라워 디자인의 형태

화관(chaplets), 리스(wreath, 크란츠), 갈란드(garland), 스트라우스(꽃다발), 막대기형 꽃다발, 머리띠 장식, 목걸이

죽은 사람을 위한 플라워 디자인

- 크란츠 : 연꽃, 델피니움, 양귀비, 수레국화 등이 사용되었다.
- 꽃 목걸이 : 꽃들을 꿰어 목걸이로 만들어 사용하였다.
- 봉 모양의 꽃다발 : 봉 모양의 막대 끝에 야자, 식물의 잎, 연꽃 등으로 꽃다발을 만들었다.
- 꽃다발 : 미라의 가슴에 평평한 형태의 스트라우스로 장식했다.

화기의 형태

도기, 금, 광택이 있는 석고, 다양한 재료의 화병, 넓은 볼, 둥근 물동이, 깊고 얇은 바스켓 등을 사용하였다.

유행했던 꽃

수련, 연꽃, 파피루스, 아카시아, 바이올렛, 장미, 포피, 자스민, 백합 등을 사용하였다.

•• 고대 그리스 · 로마(Greek and Roman : 600~164BC)

고대 그리스 시대에도 이집트의 형태나 특징이 그대로 이어진다. 그러나 기원전 7세기경에는 묘지장식에 비늘 모양으로 꽃을 늘어놓은 장례식용 크란츠를 제작하기 시작했고, 결혼식에서 신부는 하얀 장미 크란츠를 몸에 지녔으며, 이것은 오늘날 '로마식 크란츠'의 유래가 되었다. 화기보다는 꽃을 테이블에 놓거나 길에 흩뿌리는 방법을 사용하였고, 화관, 리스, 갈란드가 주로 만들어졌다. 특히, 리스는 육상선수, 승리의 병사들, 영웅 등에 씌워져 충성과 헌신의 상징이 되었다. 조각상, 집, 무덤가, 결혼식에 갈란드와 리스를 사용하였고, 장식용 뿔로 풍요로운 추수감사절의 상징인 코누코피아(cornucopia)가 등장한 시기이기도 하다.

코누코피아 ➔

플라워 디자인의 형태

리스(wreath), 갈란드(garland), 페스툰(festoon), 튀로스의 지팡이, 각종 크란츠(kranz) 등

특 성

- 크란츠 문화가 발달했으며 재료에 따른 상징성을 부여했다. 은매화, 샤프란, 장미, 월계수, 샐비어, 마요리나, 타임, 제비꽃(겨울에도 아테네 시장에서 구매 가능), 아네모네, 수선화 등 여러 가지 꽃으로 만들어졌다.

· 코누코피아(horn of plenty)라고 불리는 꽃, 과일, 야채들로 장식용 뿔을 제작(풍요의 상징)했다.
· 크란츠는 재료별로 의미를 부여해서 사용했다.
  월계수 크란츠 : 경기의 승리자
  올리브 크란츠 : 전투에서 귀환한 병사
  은매화 크란츠 : 군중을 상대로 한 연설자

화기의 형태

세라믹 그릇, 주둥이가 넓은 혼합용 사발(크라테르), 우아한 컵(카일릭스), 주전자(오이노코에), 백포도주나 올리브 기름 혹은 마른 물건을 담아두는 풍부한 용량의 저장단지(암포라, 하이드라), 올리브 기름을 담아 죽은자에게 바치는 항아리(레키토스) 등의 저장 그릇을 많이 사용했다.

유행 꽃

히야신스, 백합, 아이리스, 장미, 수선화, 포피, 데이지, 허브

열 주(줄지어서 늘어선 기둥)

건축물에는 열주의 구성이 매우 발달하였으며 도리아식, 이오니아식, 코린트식이 많이 사용되었다. 이런 기둥머리에는 연꽃, 파피루스 등의 부조가 많이 쓰였다.

· **도리아식** : 간소하며 힘차고, 기둥은 두껍고 짧으며 기둥머리 장식도 비교적 단순하다.
· **이오니아식** : 도리아식에 비해 우아하고 경쾌하며 가늘고 긴 기둥을 가지고 있다.
· **코린트식** : 이오니아식과 큰 차는 없지만 기둥머리가 이오니아식보다 화려하고 기교적이다.

•• 고대 로마(28BC~325AD)

대부분의 제국을 통치했던 고대 로마는 아테네를 중심으로 소비가 많고 화려한 문화를 자랑했으나, 빈부의 차가 심해 부자들은 많은 양의 꽃을 소비했지만 서민들의 삶은 매우 어려웠던 시기이다.

겨울에도 알렉산드라로부터 장미를 구입할 수 있었으며 로마의 남쪽에는 온실도 있었다. 특히 장미 크란츠(kranz)를 선호하여 가정의 식탁을 장식한다든지 귀한 병사에게 환영의 의미로 주어졌다. 또, 전문적으로 크란츠를 제작하는 직업인도 있었으며, 장미 잎을 비늘 모양으로 덧붙인 비싼 머리 장식용 크란츠에는 금으로 만든 잎이나 보석 등이 이용되기도 했다. 꽃이나 과실로 만든 갈란드나 페스툰(festoon), 코일 모양의 상징은 실내 장식으로 이용되었다. 기둥머리 장식으로는 아칸서스 잎, 로터스, 파피루스 등의 모티브가 많이 조각되었으며, 백합은 왕위 계승자, 희망의 심볼을 상징하는 뜻으로 사용되었다.

여러 가지 크란츠들

유행 꽃

장미, 히야신스, 백합, 아이리스, 수선화, 데이지, 허브, 제비꽃, 포피

•• 비잔틴(Byzantine : 325~600AD)

'비잔틴 예술' 은 콘스탄티누스 황제가 로마 제국의 수도를 비잔티움(후에 콘스탄티노플로 명명됨)으로 옮긴 기원후 330년경부터 투르크족에 의해 멸망한 1453년까지 지속됐던 지중해 동부 지방의 예술이다. 로마가 쇠퇴하는 동안 비잔티움은 동방의 영향을 받아 화려한 색채와 장식성을 띤 초기 기독교 미술을 발전시켰으며 문명의 중심지로 자리 잡게 되었다. 로마 시대의 바실리카 형식을 기초로 하여 교회 내부의 마루나 기둥은 유색 대리석으로 장식하였고, 벽이나 천장에는 모자이크나 프레스코화를 볼 수 있다.

플라워 디자인의 형태

원추형 디자인 등장

특 징

원추형 디자인은 높이와 대칭성을 강조하면서 꽃, 과일, 잎 등 좁게 묶는 방법으로 나선형의 효과를 나타냈다.

(2) 중세 및 근세

•• 로마네스크(1000~1250AD)

'로마와 같은' 이라는 뜻의 로마네스크는 11세기 후반과 12세기 유럽의 전형적인 건물들이 두꺼운 벽과 아치가 있고 창이 작으면서도 중후한 느낌이 고대 로마의 석조 건축과 닮았음을 가리키는 용어다(예: 피사의 대성당).

이 시대에는 수도원이나 성의 정원에서 약용 식물이 재배되었으며 교회의 장식용으로 백합과 장미가 재배되고 있었다. 백합은 마리아를 상징하는 꽃으로 귀하게 사용되있다.

피사의 대성당

플라워 디자인의 형태

외곽선이 닫힌 형태의 갈란드나 크란츠(주목, 회양목), 대형 화분 식물들, 구 · 반구 형태의 디자인이 주를 이룬다.

특 징

건축물의 형태를 방해하지 않는 선에서 꽃을 장식했다.

•• 고딕(1250~1500AD)

중세 미술의 업적 중에서도 고대 그리스와 로마의 경이로운 업적에 필적하는 것이 바로 고딕 양식의 대성당들이다. 쉬제르(Suger, 1081~1151)라는 건축가에 의해 시작되어 1200~1500년 사이에 절정을 이루었다. 가톨릭이 지배적이었고, 건축기술의 발달로 기둥사이의 개구부를 넓게 잡을 수 있게 되어 높은 천장과 첨두형 아치 스탠드 글라스로 장식된 가늘고 긴 커다란 창이 출현하였으며, 경쾌하고 수직감이 강하면서도 위를 향해 우뚝 솟은 듯 한 인상의 건축물이 지어졌다(예: 파리 노트르담 사원, 독일의 쾰른 대성당).

파리의 노트르담 사원

쾰른 대성당

•• 르네상스(Renaissance : 1400~1600AD)

'다시 태어나다' 는 의미의 르네상스는 이탈리아의 피렌체에서부터 시작되었다. 그리스도교와 신을 중심으로 한 신본주의에 의해 속박되고 왜곡되어온 인간성을 회복하고자 하는 예술복원 중심의 인본주의 운동이다.

이 시대 건축은 고대 로마, 그리스 시대를 모범으로 삼아 모방에서 그치는 것이 아니라 새로운 양식으로 계승, 발전시켰다. 장식 문양은 헬레니즘의 식물문양을 기초로 발전, 잎이나 꽃을 추상화한 선적인 모양(무어식 당초무늬)을 즐겨 사용하였다. 뿐만 아니라 꽃장식(Hellenism)이 독립된 장식품으로 건물에 걸리게 되었다.

> **Tip**
> 무어식
> 이슬람과 그리스도교의 양식의 혼합된 형태

백합은 천사 가브리엘이 예수의 수태를 알리는 그림에 등장하면서 '마돈나 릴리' 라고 불리게 되었고, 고결함과 풍요를 상징하였으며, 장미는 희생적이거나 세속적인 사랑을 의미하였다.

플라워 디자인의 형태

대칭형의 삼각형, 원형, 원뿔형, 타원형, 갈란드, 페스툰

특 징

· 꽃을 이용한 장식품이 독립적으로 인정되었다.
· 화기 안에 빽빽하게 꽃을 꽂아 줄기가 가려지게 하였다.
· 일일이 묶어가며 형태를 만드는 디자인이 제작되었다.
· 밝은 색의 꽃과 풍만한 형태의 디자인이 제작되었다.

화기의 형태

도자기, 마블, 유리병, 술잔, 청동항아리, 다리가 달린 금속 병, 토분, 뚜껑에 꽃을 꽂을 수 있도록 구멍이 나 있는 형태의 화기

유행 꽃

백합, 목련, 작약, 포피, 튤립, 장미, 라일락, 아이리스, 스토크, 히아신스, 카네이션

•• 바로크와 플레미쉬(Baroque & Flemish : 1600~1750AD)

'지나치게 과장되어 있다'는 부정적인 의미의 '바로크'는 1600년경 로마에서 시작되어 미술사에서 가장 화려한 시기 중 하나로 꼽힌다. 당시 로마의 교황청은 종교적인 목적으로 예술 활동을 적극 후원했으며, 프랑스에서는 절대군주가 왕권신수설을 주장하며 절대 권력을 누리고 있었다. 프랑스의 왕가와 귀족들은 식민지로부터 흘러나온 막대한 재화를 가구, 미술품, 정원 가꾸기에 쏟아 부었다.

플라워 디자인은 대칭적인 타원형이나 비대칭적인 S자형과 초승달형 곡선도 사용되었다.

하나의 부케 안에 튤립과 장미, 작약, 아이리스, 백합, 포피 등 많은 종류의 꽃들을 섞었고, 부케 아랫부분에 과일, 새둥지, 조개, 곤충 등의 장식효과를 지닌 재료들로 꾸며 놓았던 더치 플레미시 양식의 예술가들인 보스카에르트 암브로시우스나 얀 부르겔이 17세기와 18세기의 플라워 어레인지먼트를 이끌었다.

플라워 디자인

S자형, 크레센트형, 원형, 타원형, 부채형, 비대칭 삼각형(비대칭, 대칭이 모두 사용)

특 징

- S커브나 크레센트 라인이 발달하였다.
- 화려하고 풍만한 형태의 디자인으로 여러 종류의 꽃을 섞어 사용하기도 했다.
- 색상은 선명한 보라, 황금, 백색과 같이 선명한 색들을 주로 사용하였다.
- 어레인지먼트는 실내 장식에서 장식적인 악센트의 역할로 사용되었으며 대부분 방사형으로 제작되었다.
- 새 둥지, 조개, 과일, 곤충 등 기타 장식 효과를 지닌 재료들도 사용하였다.

화기의 형태

모양과 소재가 더욱 다양해진 유리제품, 금속이나 돌로 만든 큰 화기, 테라코타(terracotta), 청색, 하얀색의 수입 자기(중국산), 플라스틱 등 꽃을 담는 용기

유행 꽃

백합, 목련, 작약, 포피, 해바라기, 스토크, 시클라멘, 튤립, 히아신스, 아이리스

Tip

S자형
영국의 화가겸 판화가인 윌리엄 호가스(William Hogarth)의 이름을 따서 호가스 곡선(Hogarth Curve)이라고도 한다.

•• 로코코(Rococo : 1715~1830AD)

조약돌 또는 조개 장식을 뜻하는 '로카이유(Rocaille)' 에서 유래된 로코코는 루이14세가 서거한 후 바로크 시대의 의식성이나 장중함 등에서 벗어나 발랄함, 우아함, 아름다움을 추구하였다. 건축물의 실내 장식은 상아나 귀갑으로 장식된 곡선 형태가 주로 제작되어 부드럽고 화려하며, 저택의 마루는 나무판 위에 복잡하고 섬세한 문양들을 상감하여 화려함을 더했다.

이 시기에는 복잡한 아라베스크(arabesque) 문양도 많이 사용되었으며 색채는 하얀색, 은색, 금색, 밝은 분홍색, 청색, 초록색이 주로 사용되었다.

플라워 디자인

부채형, 원형, 타원형, 크레센트형, 삼각형, S커브

특 징

- 바로크시대의 형태도 많이 사용되었지만 한결 부드러워지고 가벼워졌다.
- 꽃의 색이 밝은 파스텔 톤으로 바뀌었다.
- 화기들은 흰색, 파스텔 톤의 밝은 색, 광택이 있는 것들을 많이 사용하였다.

화기의 형태

우아하고 화려한 색채의 화기, 꽃무늬나 나뭇잎 무늬가 있는 도자기, 크리스탈, 은으로 만든 화기, 사기 항아리, 다섯 주둥이가 달린 꽃병, 바스켓, 조개 형태의 화기

유행 꽃

장미, 금어초, 백공작, 라일락, 튤립, 백합, 팬지, 수선화, 메리골드, 히아신스, 카네이션, 포피, 아카시아

•• 영국 조지 왕조 시대(1714~1760AD)

영국에서는 18세기 조지왕 I · II · III세의 이름을 따서 조지 왕조 시대라고 부른다. 목욕 등의 위생문화가 발달하지 못한 이 시대에 악취와 각종 전염병으로부터 꽃을 통하여 보호받을 수 있다고 믿었기 때문에 작은 꽃다발의 형태인 터지머지(tussie-mussies, tuzzy-muzzy), 즉 노즈게이(nosegay)를 만들어 손으로 들고 다녔다. 노즈게이는 하나의 패션이 되어 이 시대 여인들은 자신의 머리카락 사이나 목둘레, 가운 위나 허리, 어깨 위, 데칼르타지(decolletage : 어깨와 목을 드러낸 옷) 안에 꽃을 사용했다. 이 당시에는 난방이 필요 없는 몇 달간은 바우팟이라고 불리는 용기에 꽃을 채워 화롯가에 두는 풍습이 있었다.

Tip

터지(tuzzy)
고대 영어에서 꽃의 마디를 일컫는 용어

바우팟(bough pot)
벽난로 안에 꽃을 담아두는 용기로 웨지우드가 정교한 세라믹제품으로 꽃을 꽂는 용기를 제작했으며, 형식적인 센터피스를 영국인이 처음 시도했다고 추측하기도 한다.

플라워 디자인

터지머지, 노즈게이(nosegay), 드라이 플라워, 여러 가지 꽃을 이용한 꽃병, 바우팟

특 징

- 어레인지먼트들은 형식적·대칭적이며 여러 종류의 꽃으로 콤팩트하게 꽂았다.
- 꽃은 고가의 용기에 꽂았으며, 꽃을 꽂기 위한 정교한 세라믹 용기가 제작되기도 했다.
- 일반 사이즈의 부케가 가지고 있는 꽃의 종류, 색을 모두 포함시켜 미니어처를 만들었다.

유행 화기

은제 항아리, 도자기, 유리제품, 통병류, 나무로 만든 화기, 손잡이가 양쪽에 있는 화기

유행 꽃

스카비오사, 제라늄, 무궁화, 베로니카, 전 시대에 유행했던 꽃들

데칼르타지

노즈게이

•• 빅토리아 시대(Victorian : 1837~1901AD)

영국 빅토리아 여왕이 통치하던 시기로 꽃과 식물, 원예가 매우 번성했다. 처음으로 플라워 디자인이 하나의 예술로 자리잡았고 이에 대한 잡지와 책들이 출간되었으며 많은 사람들이 플라워 디자인을 연구하였다.

당시 사회에서는 교양 있는 여성들에게 꽃을 가꾸고, 터지머지를 만드는 것뿐만 아니라 꽃을 키우고, 보존하고, 그림을 그리거나 꽃을 염색하는 것까지 배우도록 요구했다. 또한 조개, 밀랍, 깃털, 구슬, 털, 직물 등과 같은 재료들과 섞어서 인공적인 꽃을 만드는 취미생활을 즐겼다고 한다.

플라워 디자인

꽉 찬 느낌의 원형디자인, 채소와 과일을 곁들인 디자인, 드라이 플라워, 프레스 플라워, 아트 플라워, 홀더 디자인 등

특 징

- 빈 공간과 포컬 포인트가 없이 꽃, 잎, 초본류를 함께 사용했다.
- 빅토리아 시대에 처음으로 꽃의 언어가 정서의 일부가 되었다.
- 핸드 부케 홀더 혹은 포지 홀더(posy holder)라고 하는 플라워 홀더(자기, 호박, 거북딱지, 자개 등으로 제작)를 개발해 사용하였다.
- 구조, 조직, 색이 다른 꽃을 개발하려 했다.

화기의 형태

금속, 도자기, 유리병, 석고, 금속 홀더, 항아리, 식탁용 장식대, 특이한 형태의 화기

유행 꽃

장미, 카네이션, 튤립, 프리지어, 가드니아, 제라늄, 수국, 라일락, 수선화

Tip

플라워 홀더(flower holder)
꽃의 수명을 연장하기 위하여 개발되어 남녀 모두 몸에 착용하고 다님

부점 보틀(bosom bottle)
데칼르타지 안에 꽂는 꽃들을 싱싱하고 보기 좋게 유지하기 위하여 만들었고 남자들이 옷에 작은 꽃을 꽂을 때도 사용함

(3) 20세기 이후

플라워 디자인

- 꽃 장식의 개념에서 하나의 예술로 발전하게 된다.
- 전 세계적으로 새로운 식물의 종류들이 개발, 생산되고 있다.
- 매년 새로운 유행과 새로운 테크닉이 만들어지고 있다(입체파-콜라주).
- 1948년 플로랄 폼이 미국에서 발명되어 1953년 '스미더스사'가 오아시스라는 상품으로 생산하기 시작하였다,

시대적 배경

인상파, 표현주의, 야수파, 미니멀리즘, 포스트 모더니즘 등

(4) 미국의 양식

•• 초기 미국 양식(1629~1720AD)

17~18C 중엽까지의 기간 동안 미국의 플라워 디자인에 대한 기록은 거의 남아 있지 않다. 인구 대부분을 차지한 이주자들의 생활은 식물을 장식보다는 주로 식용이나 약용의 용도로 사용할 만큼 어려웠으며, 일부 장식의 용도로 사용된 것들도 야생화, 풀 등을 주전자, 솥, 팬 등에 단순하게 꽂아 놓는 정도였다.

•• 식민지 양식(colonial : 1714~1780AD)

이 시기를 윌리엄버그 식민지 시대라 하고 이때 사용된 플로랄 양식을 '콜로니얼 스타일'이라고 한다. 플라워 디자인은 둥그렇거나 무리지어진 부채꼴모양의 부케로 개방적이고 소박하면서 캐주얼한 것이었다. 과일과 꽃이 식당 테이블의 센터피스로 사용되었다.

플라워 디자인
- 원형, 부채형이 많이 사용되었다.
- 소박한 형태로 개방적인 스타일이 주를 이루었다.
- 재배된 꽃, 드라이플라워, 과일 등을 섞어서 사용했으며 소재 이용의 폭이 넓어진다.

화기의 형태
사각형, 육각 화기, 손잡이가 있는 컵, 사기나 은으로 된 볼 등 다양한 모양의 화기다.

유행 꽃
카네이션, 제라늄, 튤립, 해바라기, 라일락, 금어초, 스토크, 화분 식물

•• 신고전주의(Neoclassicism : 1780~1820AD)

영국의 조지 왕조와 비슷한 시기로 로코코의 향락주의적인 내용과 감각적인 양식에 반해 보다 간결하고 확실한 것을 갈구하게 되면서 신고전주의가 등장하였고, 장식적 성향을 배제하고 직선적인 고전주의의 엄격함을 살리게 된다. 정확한 형태를 선호했으며 대부분 대칭으로 작업했다. 단순한 피라미드형이나 부채형, 원형을 선호하였으며 제라늄이나 늘어진 아이비도 많이 사용했다. 이러한 디자인들은 후기 신고전주의 말기에 이르러 화려하고 사치스러운 양상을 보인다.

•• 미국식 빅토리아 양식(American Victorian : 1845~1900AD)

유럽식 빅토리아 양식을 그대로 모방한 시대로 '낭만시대' 라고도 한다. 다양한 형태의 디자인이 발전되고 플라워 디자인에 대한 관심과 흥미 또한 높아져 1864년에는 미국 플로리스트들의 협회가 만들어지기에 이른다. 장식용 은쟁반에 과일과 꽃을 담고, 키가 큰 꽃을 꽂아두는 트럼펫형이 유행하여 그릇의 아랫부분에 과일이나 키가 작고 넓게 퍼지는 꽃을 담았으며, 많은 양의 꽃이 소비되었다.

Tip

비더마이어(Biedermeier : 1814~1848AD)

1814~1848년 경에 오스트리아와 독일에서 처음 등장한 형태로 전통주의와 풍요로운 시기의 상징이다. 1850년에 시인 루드비히 아이히로트가 독일 잡지 〈플리겐데 블레테〉에서 그 당시 시민계층을 '비더만' 과 '붐멜마이어' 의 이름으로 풍자한 것을 조합시켜 '비더마이어' 란 이름이 생겨났다.

꽃을 촘촘하게 중심을 향해 꽂아가는 반구형으로 아주 치밀한 양식이며, 극단적인 간소화와 실용적인 것을 특색으로 하는 그 당시 미술양식에 반발하듯 많은 양의 꽃을 빽빽하게 가득 채운 것을 특징으로 하지만 오늘날에는 느슨하고 가벼운 원형으로 발전되어 선물용으로 많이 사용되고 있다. 향기나는 꽃으로 스위스에서는 나선형으로, 미국이나 네덜란드에서는 원형의 형태로 낭만적으로 꽂는다.

원형 또는 원추형을 만들기 위해서는 위에서부터 아래로 꽂고, 마무리는 만쉐트(Manschette)로 완성하며, 작거나 부러진 꽃도 철사를 이용하여 사용할 수 있다. 작고 귀여운 것, 깔끔함, 평온함, 로맨틱한 전원 풍경을 즐겨 추구하는 사고방식을 나타내는데 장식품에는 꽃무늬가 자주 사용되고 있다. 꽃 화분을 방에 장식하고 물망초나 헬리오트로프, 제라늄, 후쿠시아, 은매화, 장미 등을 많이 사용하며, 금속, 크리스탈, 리본, 실 등의 보조 재료를 함께 사용하면서 더 폭넓게 발전하였다.

아르누보(Art Nouveau : 1890~1910AD)

아르누보는 새로운(nouveau) 예술(art)을 의미하는 것으로, 산업화 시대의 불모성에 반대하여 장식적 스타일을 중시한 사조였다. 구불구불한 선과 넝쿨 같은 곡선을 위주로 한 동일한 양식을 보였으며, 환하고 연한 파스텔 계통의 부드러운 색과 비대칭의 자연 문양에서 그 특징을 찾아 볼 수 있다. 부드러운 형태의 꽃과 금색선이 장식된 화기도 많이 사용되었다. 아르누보라는 용어는 프랑스에서 사용되었으며, 영국에서는 모던 스타일, 독일에서는 유겐트 스타일이라고 부르는데 유겐트 스타일은 독일 잡지(유겐트)에서 유래한다. 오늘날 아르누보의 영향을 받은 플라워 디자인은 보통 꽃줄기가 곡선을 이룬 것과 흐드러진 것으로 비대칭으로 꽂고 있다.

아르데코(Art Deco : 1920~1930AD)

장식미술을 의미하는 아르데코는 1925년 프랑스 파리의 현대 장식·산업미술국제박람회의 약칭에서 유래되어 '1925년 양식' (le style 25)이라고도 한다. 1920년대와 1930년대에 미국과 유럽에서 인기를 누렸던 이 양식은 고대 이집트와 아즈텍 문명, 재즈시대, 신산업시대 그 외 사회적인 면의 영향을 두루 받으면서 서로 혼합된 형태의 디자인 양식이다. 강하고 가늘게 구불거리는 것, 기하학적인 선과 형, 패턴을 특징으로 하며, 지그재그형과 피라미드형, 구름사이로 해가 비추는 듯한 형태를 보여준다.

3. 플라워 디자인의 요소

플라워와 물질적인 재료를 사용하여 공간을 디자인할 때 반드시 있어야 할 성분이나 조건을 플라워 디자인의 조형요소라 하며, 형태, 선, 질감, 색, 공간의 5가지 요소가 있다.

플라워 디자인의 5가지 요소

(1) 형 태(form)

꽃이나 잎, 가지 등 식물이 가지고 있는 특성에 따라 라인 플라워, 폼 플라워, 매스 플라워, 필러 플라워 등 네 가지로 나누어진다.

■ 꽃의 형태 분류

라인 플라워 (line flower)	· 한 줄기에 여러 송이의 꽃이 선을 이루면서 피는 꽃 · 줄기가 곧고 키가 커서 선의 형태를 나타낼 수 있는 작품의 아웃라인 꽃으로 적당 예) 리아트리스, 용담, 스토크, 글라디올라스, 델피니움, 금어초
폼 플라워 (form flower)	· 모양이 뚜렷하고 형태적 가치가 매우 큰 꽃 · 화려한 디자인을 할 때 시각상의 꽃으로 사용 예) 아이리스, 튤립, 수선화, 나리 칼라, 안시리움, 극락조화, 카틀레아
매스플라워 (mass flower)	· 같은 모양의 꽃잎이 여러 장 겹쳐 한 송이가 되는 꽃 예) 장미, 달리아, 국화, 카네이션, 라넌큘러스, 금잔화 · 잔 줄기에 꽃들이 많이 붙어 있는 꽃
필러 플라워 (filer flower)	· 작품의 마무리나 커버링에 사용하고 부드러움을 표현하는 데 적당 예) 숙근안개초, 백공작, 카스피아, 솔리다스트, 부바르디아, 스타티스, 석죽

(2) 선(line)

선은 작품의 시각적 움직임을 만들어내고 위치와 방향을 나타낸다. 선의 반복으로 새로운 리듬과 새로운 형태를 창조할 수 있다.

■ **선의 종류**

정적인 선	수직선 (vertical line)	· 굳건, 남성적, 단호, 딱딱함, 가장 강한 선 · 힘있고 엄숙한 이미지의 표현에 적합
	수평선 (horizontal line)	· 고요, 수동적, 차분함, 안정적, 좌우의 균형과 폭 중요 · 편안함을 주는 선으로 보통 화기의 입구 가까이에 위치함
동적인 선	사선 (diagonal line)	· 비바람 연상, 운동성이 강한 동적인 이미지로 적절한 비중 중요
	곡선 (curve line)	· 섬세, 여성적, 차분함, 자유로움, 신축성, 유동적, 연속성 · 부드럽고 편안한 이미지의 운동성으로 움직임을 연결함

(3) 질 감

재질이란 디자인에 사용된 재료들이 갖고 있는 구조적인 질과 느낌, 즉 촉각으로부터 시각적 촉감에 이르기까지의 모든 느낌을 말한다. 예를 들면, 꽃, 잎, 화기 등의 표면 성질이 해당된다.

(4) 색

색(color)은 디자인에서 꽃이나 형태보다 가장 먼저 발견되는 요소이다.

(5) 공간(space)

균형이나 움직임을 결정하는 요소로 작품이 가지고 있는 3차원의 영역을 말하며, 꽃, 화기, 빈공간이 모두 포함된다.

■ 공간의 종류

양화적 공간 (positive space)	· 재료가 차지하는 공간으로 작품형태가 차지하는 공간
음화적 공간 (negative space)	· 재료가 차지하지 않는 부분으로 선과 선사이의 공간 · 동양화의 여백의 미를 의미하며 양화적 공간을 돋보이게 함
열린 공간 (open space)	· 그룹과 그룹 사이의 공간, 재료와 재료를 연결해 주는 공간으로 양화적 공간과 음화적 공간을 더욱 돋보이게 해준다.
닫힌 공간 (closed space)	· 양화적 공간과 비슷하지만 좀 더 넓은 의미임 · 선보다 형태를 강조하는 디자인에 사용
빈 공간 (void space)	· 꽃과 화기 사이의 지역 · 소재를 서로 연결해 주며 쉼표 역할

Tip

1. 시각상의 초점(visual focal point)

작품을 볼 때 가장 아름답게 보이는 부분으로 작품의 포인트가 되며, 기하학적인 형태 디자인에서 사용한 소재 중 가장 많이 튀어나오게 꽂는 포인트를 말한다. 시각상의 초점을 표현하는 방법으로는 포지티브 포컬 포인트와 네거티브 포컬 포인트가 있다. 일반적으로 시각상의 초점에서는 포지티브 포컬 포인트를 가장 많이 사용하는 편이다. 네거티브 포컬 포인트는 초점의 꽃을 화기 입구 부근에 낮게 꽂아 포인트 꽃의 존재감을 더욱 강조해 주고자 할 때 많이 사용한다.

일방화일 경우에는 플로럴 폼의 앞면에 꽂고, 옆면에서 볼 때 가장 많이 튀어나온 꽃을 시각상의 초점이라 한다. 사방화일 경우에는 플로랄 폼 윗면 중앙에 수직으로 꽂은 높이의 꽃을 시각상의 초점 꽃이라 한다.

2. 기구상의 초점(mechanical focal point)

작품을 디자인할 때 꽂는 꽃들의 줄기 끝부분이 한 점으로 향하는 느낌으로 꽂는 것을 기구상의 초점이라 한다.

기구상의 초점이 하나라고 하는 것은 어디까지나 기하학적 형태구성일 때를 뜻한다. 그러나 기구상의 초점도 생장점, 일초점, 다초점, 복수점, 무초점 등으로 다양한 디자인을 할 수 있다.

기하학적 형태구성에서는 시각상의 초점과 기구상의 초점은 서로 중요한 관계가 된다. 즉, 시각상의 초점 줄기 끝 부분을 향해서 다른 소재들의 줄기와 잎, 가지 등을 꽂는데, 한 점으로 모이는 부분이 기구상의 초점이 되기 때문이다.

4. 색채와 플라워 디자인

색이란 빛이 물체에 비추어 반사, 분해, 투과, 굴절, 흡수될 때 망막과 시신경을 자극함으로써 감각된 현상으로 나타나는 것이다. 빛과 색은 궁극적으로는 같은 것으로, 색이란 단지 물체에 의해 반사된 빛이 우리의 시각을 통해 평가되는 것이다.

같은 플로리스트의 작품일지라도 어떤 색을 사용했느냐에 따라 분위기가 크게 달라질 수 있으므로 디자이너는 색에 대한 감각을 키우고 색의 특성과 성질을 잘 파악하고 있어야 한다.

색의 종류

(1) 순 색

특정한 색상의 색들 가운데 채도가 가장 높은 색, 무채색이 전혀 섞이지 않은 색을 순색(solid color)이라고 한다. 3원색 중 2색만을 섞어서 만들어지는 색을 말하고, 원색도 포함한다. 2색의 비율에 따라 빨강, 주황, 노랑, 연두, 녹색, 청록, 파랑, 남색, 보라, 자주 등의 색이 만들어지며, 순색은 '3원색' 과 같이 그 수가 정해져 있지 않다.

(2) 무채색

무채색(achromatic color)은 검정색, 회색, 흰색과 같이 '색감' 을 갖지 않는 색을 말한다. 즉, 무채색에서는 '빨갛다, 파랗다' 라는 색의 기미를 느낄 수 없다. '밝다, 어둡다(명도)' 만 있을 뿐이다.

(3) 유채색

무채색이 아닌 모든 색을 유채색(chromatic color)이라 한다. 유채색은 명도 이외에도 색상과 채도라는 속성을 가진다.

무채색의 예

유채색의 예

색의 속성

세상의 모든 색은 색상, 명도, 채도의 속성을 가지고 있으며 이 세 가지를 색의 삼속성(Grassmann의 개념)이라고 한다. 삼속성의 개념으로 볼 때 인간은 약 60만 색을 구분할 수 있다고 한다.

(1) 색 상

색상(hue)이란 빨강색, 파랑색 등 명도나 채도와는 관계없이 어떤 빛깔을 띠고 있는지를 나타내는 것이다. 이는 유채색만이 가지는 속성으로 적, 황, 청과 같은 채색을 말한다.

1차색	빨강(R), 노랑(Y), 파랑(B)의 원색
2차색	녹색(G), 보라(P), 주황(RY)으로 1차색을 섞어 만든 것
3차색	연두(YG), 청록(PB), 자주(RP)로 1차색과 2차색을 혼합해 만든 것

먼셀(Munsell)은 빛의 스펙트럼에서 분명하게 구별되는 색상인 빨강색, 노랑색, 초록색, 파랑색, 보라색 등 5가지 색체계를 기본 색상으로 삼아 색체계를 만들었다.

플라워 디자인에서는 이텐(Itten)의 12색상환을 참고로 하고 있다.

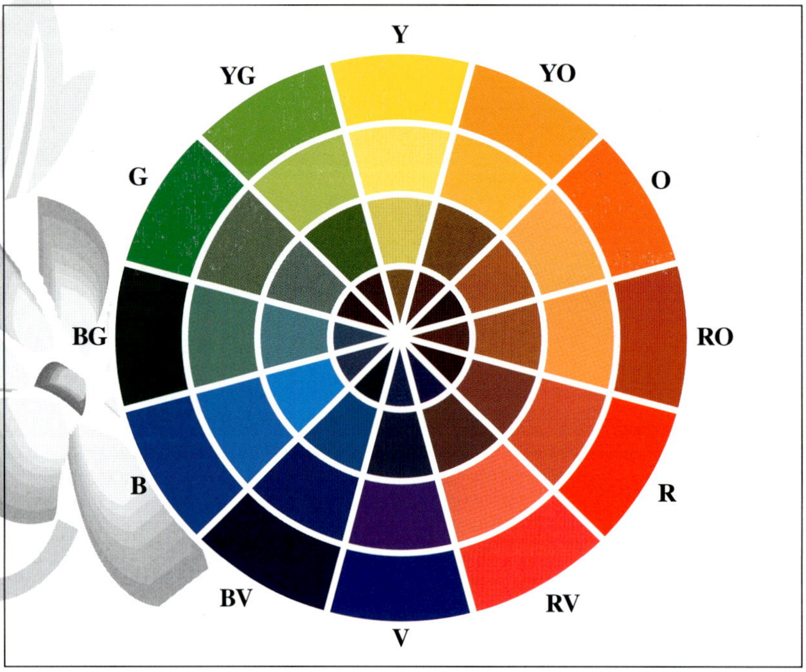

이텐의 12 색상환

(2) 명 도

색에서 느껴지는 밝고 어두움의 정도를 명도(value)라고 한다. 노랑이 가장 높은 명도가 높으며, 무채색의 경우 가장 명도가 높은 것이 하얀색, 낮은 것이 검정이다.

(3) 채 도

채도(chroma)란, 색의 순도(純度), 선명도, 즉 색의 강하고 약한 정도를 말한다. 동일색상 중에서도 가장 채도가 높은 색을 그 색상의 순색(clear color)이라 하며, 선명치 못하고 탁한, 즉 채도가 가장 낮은 색을 탁색(dull color)이라고 한다. 여러 색을 섞으면 섞은 만큼 채도는 낮아지며 여러 색상을 많이 혼합할수록 그 색채는 무채색으로 변한다. 무채색에는 채도가 없으며 가장 낮은 단계의 채도를 1, 가장 높은 단계를 16으로 한다.

단계	1	2	3	4	5	6	7	8	9	10	11	12	13	14	15	16
5R 4																

채도단계

배 색

두 가지 이상의 색을 쓰는 것을 우리는 '배색한다'라고 표현한다. 여러가지 배색의 종류와 방법을 알아봄으로써 디자인할 때 색의 조화를 이루고 다양한 방법을 익혀 자유로이 연출하며 미적인 측면도 만족하는 방법을 알아보자.

(1) 배색의 종류

•• 동일색상 배색(monochromatic color harmony)

동일한 색상의 범위에서 명도와 채도를 달리하여 배색하는 방법이다. 배색할 때 서로 비슷한 색조로 정리하면 정리된 느낌이며 색조의 차이를 크게 두면 강한 느낌이 난다.

•• 유사색상 배색

색상환에서 바로 옆에 있는 색상끼리 배색하는 방법이다. 유사색상끼리는 서로 공통되는 느낌을 가지고 있기 때문에 안정적인 느낌을 얻을 수 있다. 그러나 서로 이웃한 색의 차이가 너무 적을 경우엔 오히려 조화롭지 못한 배색이 되기도 하므로 주의해야 한다.

동일색상 배색의 예

유사색상 배색의 예

•• 반대색상 배색(complementary color harmony)

색상환상 반대색상 관계에 있는 색으로 배색하는 방법이다. 이미지와의 차이가 큰 색상끼리 배색하는 것이므로 유사색상 배색보다 강한 느낌을 가지며 보색의 배색이다.

반대색상 배색의 예

•• 동일색조 배색

같은 색조로 정리하여 배색하는 방법이다. 동일 색조로 통일하여 배색하려면 어느 정도 색상차가 있는 색들로 구성하는 것이 쉽다. 중채도·고명도의 색조로 정리하면 밝고 은은한 느낌이며, 선명한(vivid) 톤이나 밝은(bright) 톤으로 정리하면 밝고 경쾌한 느낌이 된다.

동일색조 배색의 예

•• 유사색조 배색

색조표에서 서로 가까운 위치에 있는 색조끼리 배색하는 방법이다. 선명한(vivid) 색조와 강한(strong) 색조를 배색하면 유사색조 배색이 된다. 동일색조 배색과 비슷하지만 조금 더 변화감이 느껴진다.

유사색조 배색의 예 ➲

•• 대조색조 배색

색조표에서 서로 먼 위치에 있는 색조끼리 배색하는 방법이다. 맑은(pale) 색조와 진한(deep) 색조를 배색하면 대조색조 배색이 된다. 명도와 채도의 차이가 큰 색조를 배색하면 느낌이 강하게 느껴진다.

대조색조 배색의 예 ➲

(2) 다양한 배색의 조화

•• 연속효과에 의한 배색(gradation)

일정한 규칙성을 가지고 점진적으로 변화하는 모습이 나타나도록 컬러를 배열하는 리듬감 있는 배색 방법이다. 색상, 명도, 채도, 색조에서 다른 느낌의 그라데이션 배색을 할 수 있다.

연속효과에 의한 배색

•• 분리효과에 의한 배색(separation)

색과 색 사이를 분리해 주는 역할을 하는 색을 넣어 줌으로써 강약이 느껴지는 배색을 만들 수 있다. 구분이 잘 안 되는 모호한 배색에 힘을 실어 주거나, 두 색의 대비가 너무 강할 때 완충효과를 주기 위해 분리효과에 의한 배색 방법을 사용할 수 있다.

분리효과에 의한 배색

•• 반복효과에 의한 배색(repetition)

일정한 패턴으로 반복하여 배열하는 배색 방법이다. 두 가지 색 이상으로 구성된 배색을 하나의 단위로 하여 계속 반복하는 방법으로 만든다. 반복효과에 의한 배색은 명쾌하고 재미있는 느낌으로 일상생활에서 자주 사용된다.

반복효과에 의한 배색

•• 강조효과에 의한 배색(accent)

악센트가 되는 색을 첨가해서 단조롭지 않도록 구성하는 배색방법이다. 악센트 색은 그 스스로 이목을 끄는 역할을 하므로 주변의 색과 색상이나 색조가 반대되는 경우가 많다.

강조효과에 의한 배색

•• 도미넌트 배색(dominant)

색이나 형태, 질감 등에 공통되는 조건을 통해서 통일감을 주는 배색방법이다.

도미넌트 배색

•• 톤 온 톤 배색(tone on tone)

색상은 같게 하고 명도 차이를 크게 하는 배색방법으로 통일성을 유지하면서 극적인 효과를 가질 수 있고 일반적으로 많이 쓰인다.

톤 온 톤 배색

•• 톤 인 톤 배색(tone in tone)

유사색상의 배색과 같은 원리로 톤은 같고 색상을 조금씩 변화를 주는 배색방법으로 온화하고 부드러운 효과가 있다.

•• 토널 배색(tonal)

중명도, 중채도의 색조로 다양한 색상을 사용하는 배색방법으로 안정되고 편안한 느낌을 준다.

•• 멀티컬러 배색(multi color)

고채도의 다양한 색상으로 표현하는 배색방법으로 적극적이고 활동적인 느낌을 준다.

톤 인 톤 배색

토널 배색

멀티컬러 배색

플라워 디자인의 도구

꽃을 디자인할 때는 꽃과 소재를 제외한 것, 즉 식물과 화기를 제외한 디자인을 도와주는 기구와 도구 등이 필요하다. 예를 들면, 가위, 칼, 플로랄폼, 침봉, 치킨와이어, 플로랄 테이프, 리본, 종이, 접착 테이프, 끈, 짚, 돌, 나뭇가지 등이다.

(1) 칼, 가위류

- 칼(knife) : 꽃이나 부드러운 소재들을 자를 때 사용하고, 줄기의 잘린 단면이 넓어 가위에 비해 물올림이 좋다.
- 꽃가위(flower scissors) : 꽃을 꽂기 전 줄기를 자르거나 정리하고 꽃의 줄기와 가시를 제거할 때 사용한다.
- 가시제거기(stripper) : 꽃의 가시나 잎을 제거하는 데 사용한다.
- 리본가위(scissors) : 리본 등을 자르는 데 사용한다.
- 클리퍼(clipper) : 두꺼운 나무나 줄기를 자를 때 사용한다.
- 와이어 커터(wire cutter) : 조화 및 생화의 철사 처리한 부분을 자를 때 사용한다.
- 펜치(pinchers) : 철사를 자르거나 철사 매듭을 조일 때 사용한다.

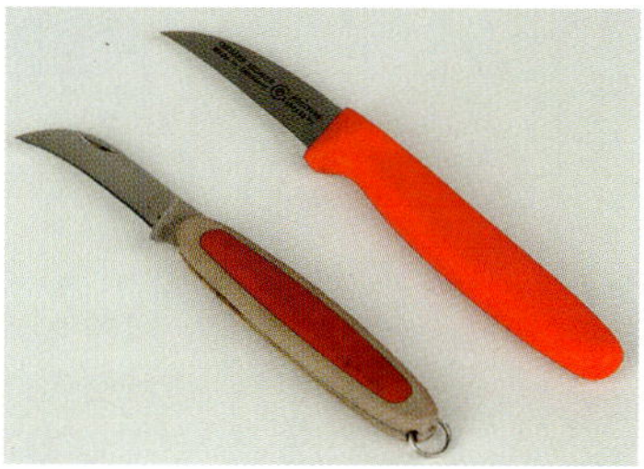

칼

꽃가위

가시제거기

리본가위

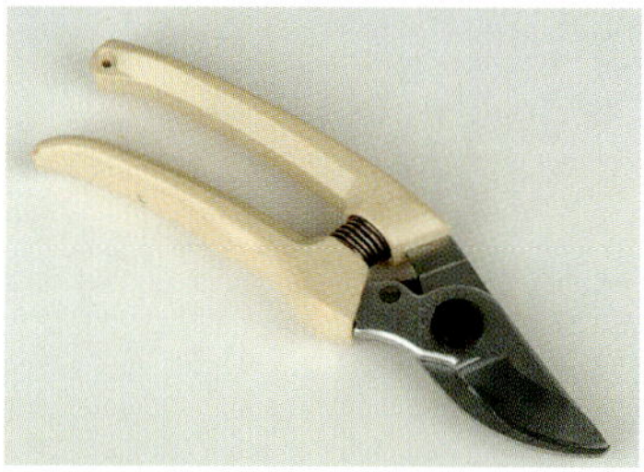

클리퍼

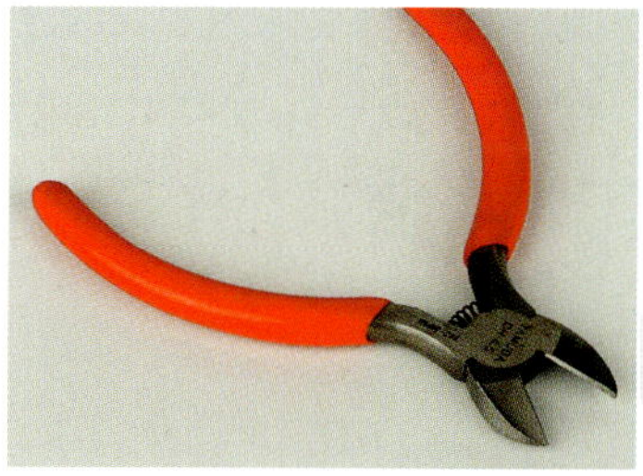

와이어 커터

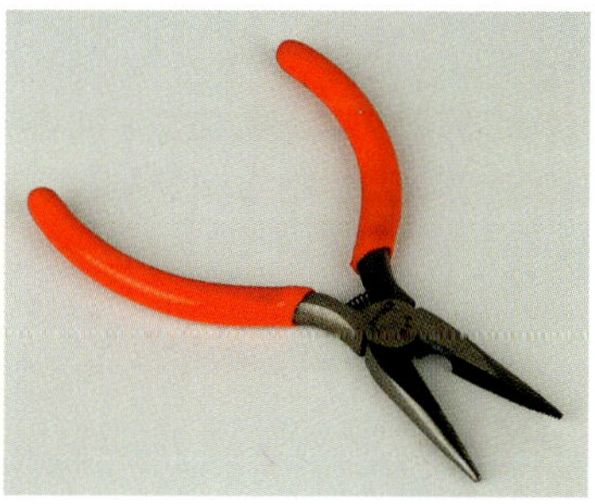

펜치

(2) 화기류(container)

•• 화기의 종류

· 도자기 : 도자기를 이용하면 무게감과 안정감을 주며, 순수한 예술작품을 만들 수 있다.
· 유리 화기 : 모양과 크기가 여러 가지 있어 이용하기가 좋고, 시원한 느낌과 유리의 질감이 깔끔하게 느껴진다.
· 플라스틱 화기 : 가볍고 저렴해서 사용하기 편리하며, 모양, 크기, 색 등 여러 가지 종류가 있고, 깨지지 않는 장점이 있다.
· 금속 화기 : 차갑고 시원한 느낌이 나며, 물과 화학용품에 의해 부식될 수도 있으므로 주의한다.
· 나무 화기 : 자연의 느낌이 나며, 모양과 크기, 색 등 여러 가지 종류가 있고, 깨지지 않는다는 장점이 있다.
· 바구니 : 여러 가지 종류가 있어 다양하게 이용할 수 있다.

•• 화기의 특징

물을 담을 수 있는 것은 무엇이든 화기로 사용될 수 있으며, 화기를 선택할 때에는 화기의 질감, 모양, 크기, 색깔 등이 전체적인 분위기와 주제를 결정하는 데 중요하다.

· 질감 : 유리, 도자기, 플라스틱, 나무, 금속, 펄프지 화기의 질감은 꽃의 질감과 어울려야 한다.
· 모양 : 화병, 수반, 바스켓 등 디자인의 형태에 따라 다르다.
· 크기 : 스케일과 비율의 원칙은 적당한 크기의 화기를 선택하는 데 도움을 준다. 전체적인 구성은 크기에 있어서 주위의 환경과 적절한 관련을 맺고 있어야 한다.
· 색깔 : 꽃의 색상 및 꽃이 전시될 장소와 조화되는 색상의 배합이 중요하다. 화기는 복잡한 무늬가 없는 것이 좋으며, 화려하고 강한 색은 특별한 구상 외에는 피하는 것이 좋다.

도자기

플라스틱 화기

금속 화기

바구니

나무 화기

(3) 폼류(forms)

꽃과 소재를 고정시켜 주는 역할은 침봉과 같지만, 자체적으로 물을 머금고 있어서 꽃의 물올림을 도와준다. 성분은 합성수지로 적당한 크기로 잘라 물에 그냥 띄워서 스스로 물을 충분히 흡수하도록 기다린다. 꽃의 줄기는 사선으로 잘라 3~5cm 정도의 깊이로 꽂는다. 흡수성 스펀지(플로랄폼)를 화기에다 세팅할 때 기본적인 방법으로 일반적인 디자인은 화기보다 2cm 쯤 높게 세팅하며, 패러랠 디자인은 1cm 쯤 낮게 세팅한다.

•• 플로랄 폼의 종류

- **사각 플로랄 폼** : 가장 일반적으로 흔히 사용하며, 수평형의 꽃꽂이에 흔히 사용된다.
- **볼 플로랄 폼** : 토피어리, 공중에 매다는 볼 등의 꽃꽂이에 사용한다.
- **리스형 플로랄 폼** : 리스를 제작할 때 사용한다.
- **부케홀더** : 곡선형과 직선형이 있으며, 홀더의 뼈대에 플로랄 폼을 셋팅한다. 주로 신부 부케등의 웨딩에 사용한다.
- **미니 데코(=돔형 플로랄 폼)** : 아래면에 접착성이 있어서 책상의 모서리 장식, 웨딩카, 선물 포장 장식 등에 사용한다.
- **테이블 데코(table deco)** : 화기가 필요없고 플로랄 폼 컷팅이 필요없어 원가절감과 시간단축의 효과가 있으며, 짧은 꽃을 사용할 수 있다.
- **드라이 폼(dry form)** : 우레탄재질의 폼으로 조화나 건조소재를 꽂을 때 사용한다.
- **레인보 폼(컬러 폼)** : 여러 가지 색깔로 비치는 유리화기에 사용하여 컬러감을 준다.
- **하트 플로랄 폼** : 플로랄 폼의 변형으로 화기가 필요없으며, 하트모양을 따라 꽃만 꽂아주면 쉽게 사랑스러운 상품을 만들 수 있다.

사각 플로랄 폼

볼 플로랄 폼

리스형 플로랄 폼

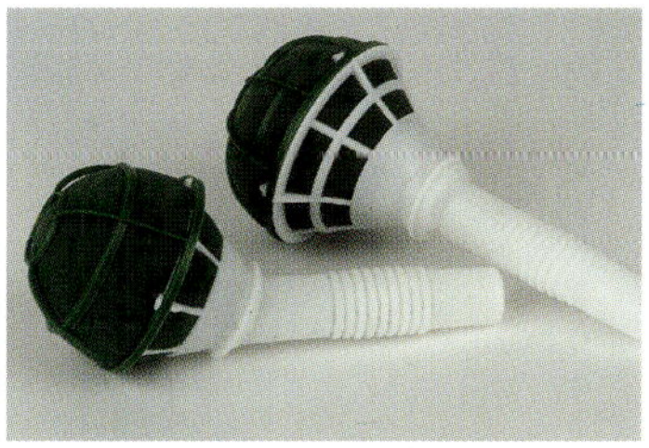

부케홀더

미니 데코(=돔형 플로랄 폼)

테이블 데코

레인보 폼(컬러 폼)

드라이 폼

하트 플로랄 폼

(4) 철사류

· 와이어(wire) : 철사의 번호가 낮을수록 굵어진다.
· 치킨 와이어(chicken wire) : 철망으로 형태를 만들거나 플로랄 폼을 감싸는 데 사용한다.
· 컬러 와이어(color wire) : 프레임을 짜거나 다양한 연출에 사용하며 굵기와 색이 다양하다.
· 디자인 와이어(design wire) : 갈란드의 고정이나 장식을 위한 철사로 사용된다.
· 바인드 와이어(bind wire) : 플로랄 폼이나 화기 또는 그 외 사용되는 재료들을 고정시키는 데 사용된다.
· 페이퍼 와이어(paper wire) : 와이어에 페이퍼가 말려 있는 형태이다.

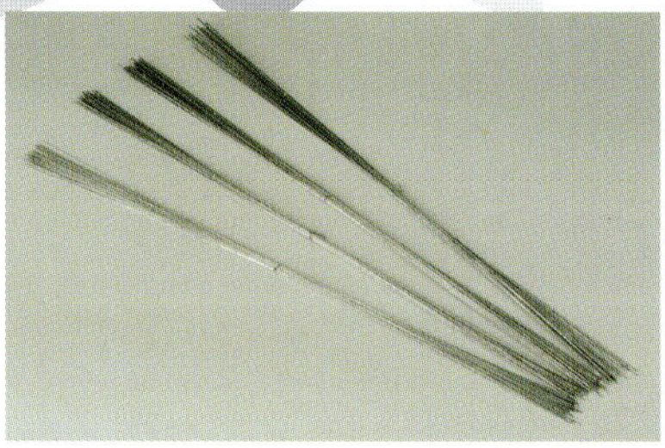

⬆ 와이어

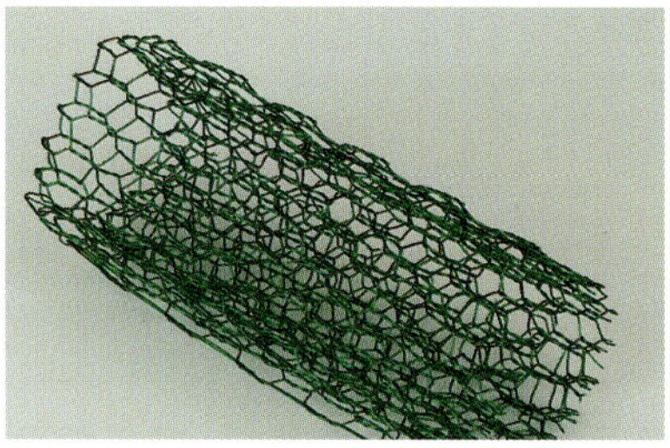

치킨 와이어 ⬆

⬆ 컬러 와이어

바인드 와이어 ⬆

⬆ 디자인 와이어

페이퍼 와이어 ⬆

(5) 리본류

리본류에는 공단, 레이스, 아세테이트, 실크, 오간디, 비닐 등의 여러 가지 색상과 재질이 있다. 폭의 규격은 0.6cm, 1.2cm, 2.4cm, 3.6cm, 4.8cm, 7.2cm 등이 많이 쓰인다.

이러한 리본 외에 노끈과 라피아도 묶거나 마무리를 위해 사용된다.

· **노끈(string)** : 내추럴스타일 부케를 묶을 때 사용한다.
· **라피아(raffia)** : 야자과 식물의 잎 섬유로 만든 것으로, 꽃을 묶거나 리본처럼 장식할 때 사용한다.

다양한 리본들

노끈

라피아

(6) 테이프류

· 플로랄 폼 고정 테이프(oasis tape) : 특정의 플로랄 폼의 형태를 만들 때 플로랄 폼의 고정에 이용된다.
· 양면 테이프 : 포장이나 양면의 접착성을 이용할 때 사용한다.
· 플로랄 테이프(floral tape) : 크레이프지 표면에 접착성 왁스를 발라 놓은 것으로, 사용할 때에는 손으로 당기면서 감아야 한다. 여러 가지 색상이 있으며 6mm 폭이 가장 일반적으로 사용되고 있다.

플로랄 폼 고정 테이프

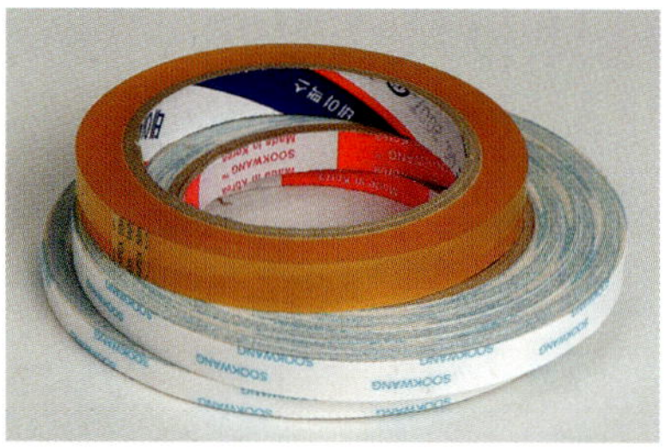

양면 테이프

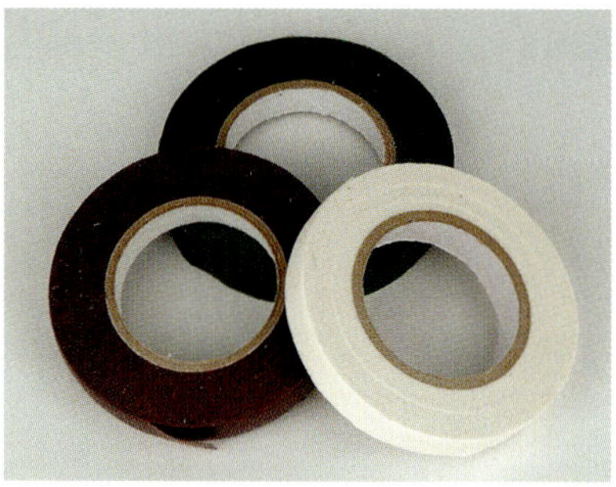

플로랄 테이프

(7) 접착제류

- 글루 건(glue gun) : 전기에 꽂아서 사용하는 본드로 접착력이 뛰어나지만 물에 닿으면 쉽게 떨어진다.
- 팬 글루(pan glue) : 가장 접착력이 뛰어나며 물기가 있어도 사용 가능하다. 여러 사람이 함께 사용할 수 있다.
- 스프레이형 접착제(bouquet adhesive) : 생화 및 부케홀더, 화기 디스플레이, 리본, 리스, 코르크, 골판지 등 가벼운 재질의 접착에 사용한다.
- 생화 본드(floral adhesive) : 꽃, 잎 등을 붙일 때 사용한다.

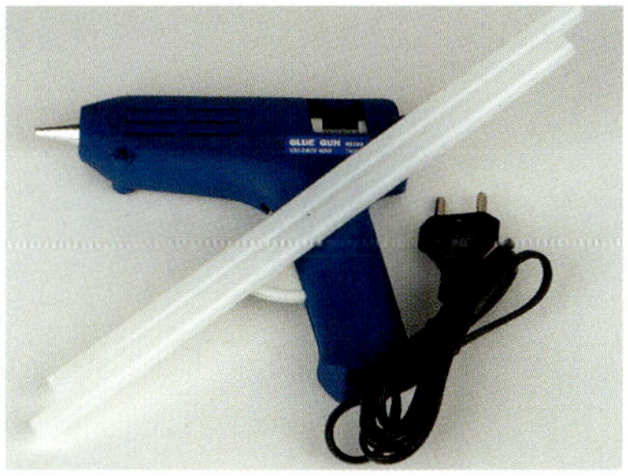

글루 건

팬 글루

스프레이형 접착제

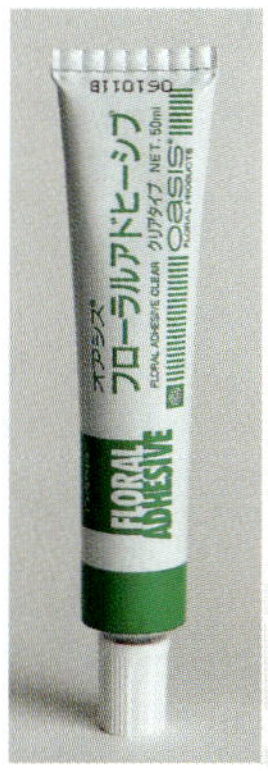

생화 본드

(8) 기타 도구류

· 핀 홀더(pin holder) : 플로럴 폼을 화기에 고정할 때 화기의 아래에 붙여서 사용한다.
· 부케 스탠드(bouquet stand) : 신부부케를 고정시켜 주는 역할을 한다.
· 침봉 : 동양꽃꽂이 및 이케바나에서 화기 안의 꽃이나 소재를 고정해 주는 도구로 바늘의 길이가 1.3cm 정도로 촘촘히 나 있다. 꽃이나 소재가 클수록 넓은 너비의 침봉을 선택해야 한다.
· 코사지 핀(corsage pin) : 코사지를 의상에 고정시킬 때 사용한다.
· 워터 튜브(water tubes) : 플라스틱으로 시험관 모양을 만들어 속에 물을 넣기도 한다. 주로 공간장식에 많이 사용한다.
· 초픽(candle fix) : 플로랄 폼에 초(candle)를 고정시킬 때 사용한다.
· 타카(gun tacker) : 꽃으로 공간을 장식하거나 조화를 벽이나 천장에 고정시킬 때 사용한다.
· 픽스(fix) : gum 재질로 되어 있으며 pin holder에 접착시켜 유리 등의 화기에 붙여 사용한다.

Tip

•• いけばな(이케바나) 도구

水切りボール(미즈키리보루)

꽃을 자를 때 물을 넣은 볼 안에서 자르게 되는데, 그때 사용하는 도구이다.

劍山(けんじゃん)

켄장(침봉류) – 이케바나에서 화기 안의 꽃이나 소재를 고정해 주는 도구로 바늘의 길이가 1.3cm 정도로 촘촘히 나 있다.

器(うつわ) : 우츠와(수반 종류)

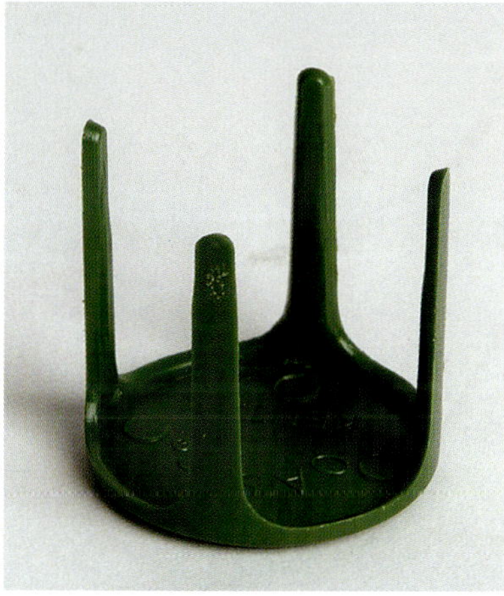

핀 홀더

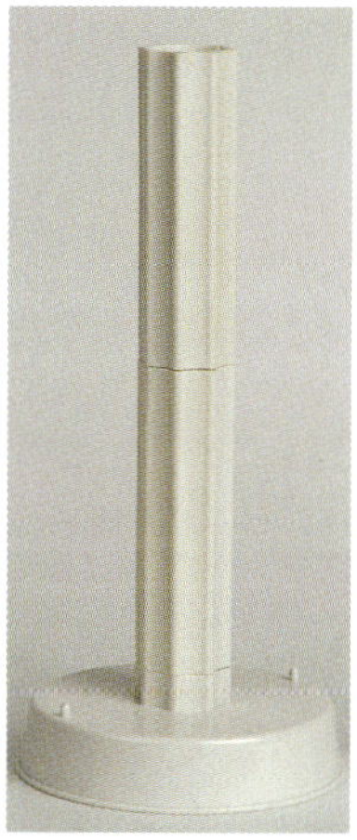

부케 스탠드

침봉

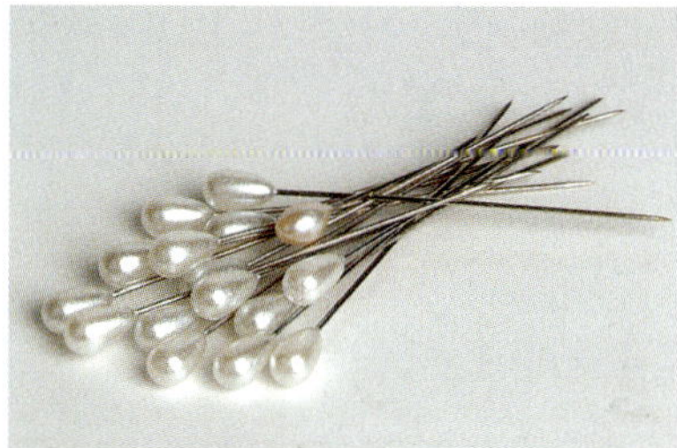

코사지 핀

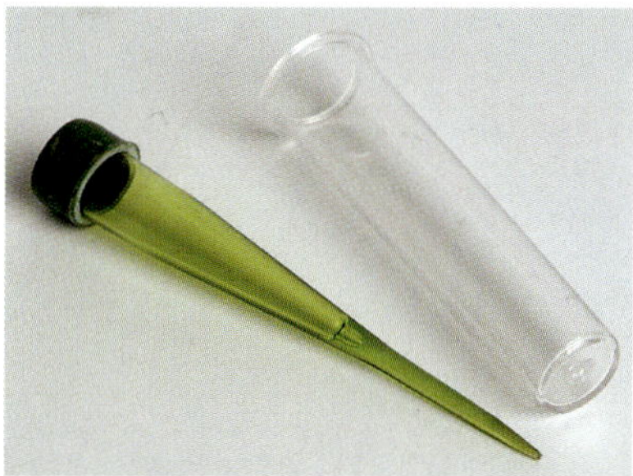

워터 튜브

초픽

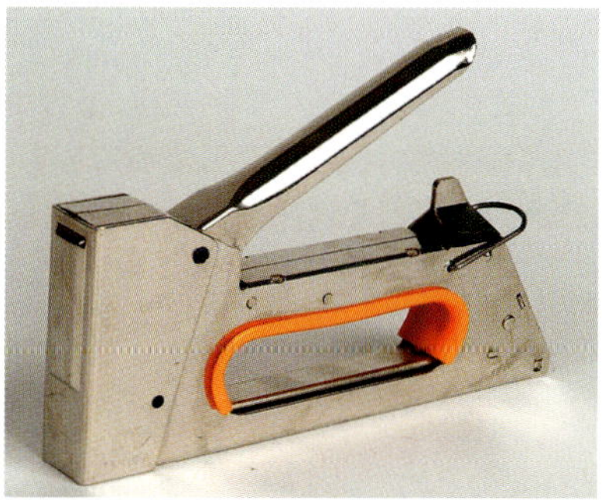

타카

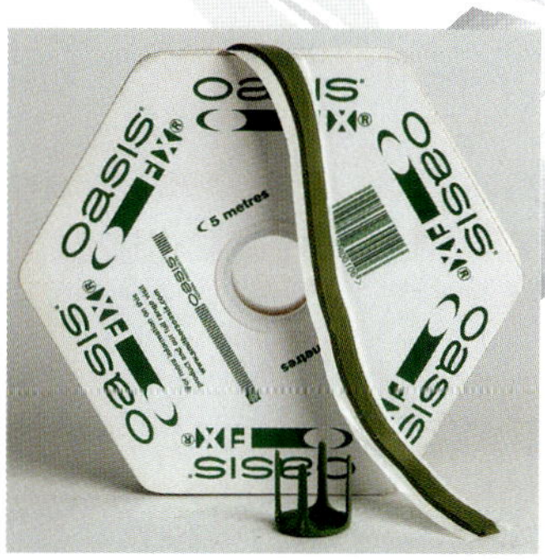

픽스

테이블 디자인의 기본 아이템

(1) 리 넨

일반적으로 테이블 위에서 사용되는 직물로 짠 천을 리넨(linen)이라 한다. 그 종류로는 언더클로스(undercloth), 테이블클로스(tablecloth), 탑클로스(topcloth), 러너(runner), 냅킨(napkin), 플레이스 매트(place mat), 도일리(doily) 등이 있다. 정찬처럼 격식을 요하는 자리에는 리넨의 색상이나 소재를 제한하는 경향이 있으나 일반적으로 사용하기에는 면처럼 실용적 소재나 세탁에 강한 합성섬유도 무방하다.

항상 사용하던 식기도 리넨 한 장으로 다른 느낌을 줄 수 있다. 리넨은 테이블 세팅 디자인에 있어서 색과 공간감의 변화를 가져다 주는 장식성과 함께 동시에 입이나 손을 닦을 수 있는 실용성을 겸한다.

•• 언더클로스

언더클로스(undercloth)는 테이블클로스의 바른 연출과 소음방지효과 등을 위하여 테이블클로스를 깔기 전, 테이블클로스 밑에 깔아주는 리넨을 말한다. 또한 색상은 하얀색이나 미색 등 그 자체의 색상이 짙지 않아 위에 깔게 될 테이블클로스의 색이 제대로 표현되는 것을 선택한다. 언더클로스의 크기는 테이블보다 5~10cm 정도 넉넉하게 떨어지게 사용한다. 언더클로스는 식기가 미끄러지는 것을 방지하기도 한다.

•• 테이블클로스

테이블 세팅에서 테이블 전체 디자인의 중심 역할을 하게 되며, 그 색상, 무늬 그리고 재질 등에 따라 다양한 분위기를 연출한다.

정찬에는 반드시 테이블클로스(tablecloth)를 깔아야 하며 대체로 하얀색을 선호한다. 이때 크기는 최소한 테이블 바닥까지 떨어지거나 바닥에 늘어지게 하여야 하며, 테이블의 형식에 따라 테이블클로스의 길이만으로도 세미포멀(semi-formal), 캐주얼 등 표현이 가능하다.

언더클로스

테이블클로스

•• 탑클로스

테이블클로스 위에 연출하게 되는 탑클로스(topcloth)는 테이블클로스만으로 디자인이 충분하지 않을 때 사용하게 된다. 탑클로스를 사용하게 되면, 테이블클로스에서 충분히 표현하지 못한 디자인적인 부분을 색상, 무늬, 재질 등으로 보충하여 디자인적으로 풍부해질 수 있다.

•• 러 너

테이블에 길게 까는 긴 천을 러너(runner)라 한다. 테이블 중앙에 깔아 테이블상의 공동영역을 표현하거나 테이블 양옆으로 2~3장 깔아 플레이스 매트를 대신하여 사용하기도 한다. 대체적으로 테이블클로스나 냅킨보다 두터운 재질을 가지고 있으며 정찬 테이블에는 사용하지 않는 것이 좋다. 러너는 탑클로스와 같이 테이블클로스를 디자인적으로 보강하는 역할을 하기도 한다.

•• 냅 킨

서양의 테이블 세팅 역사를 보면 특별히 냅킨(napkin)의 사용없이 테이블클로스를 입이나 손을 닦는 냅킨의 용도로 쓰기도 하였으나 입이나 손을 닦는 용도만으로 사용되는 리넨의 필요성이 대두되면서 15세기경 타월 크기 정도의 '냅프' 가 테이블 세팅에 사용되게 되었으며 라틴어의 작다는 의미의 '킨' 을 더하여 오늘날의 냅킨이 생겨났다. 냅킨은 테이블클로스와 같은 소재로 하는 것이 원칙이지만 정찬인 경우가 아니라면 테이블클로스와 다른 색상, 재질, 무늬 등으로 코디하면 다양한 느낌을 표현할 수 있다.

19세기에는 다양하고 화려한 냅킨 접기가 등장하였고 유행하였으며 용도에 따라 다양한 사이즈로 테이블 세팅의 양식을 표현할 수 있는데, 포멀(formal)한 경우 가로 · 세로 50cm, 세미포멀(semi-formal)한 경우 40~45cm, 티테이블(tea table)의 경우 30cm, 그리고 칵테일같은 음료용으로는 가장 작은 사이즈가 되는 보통 가로 · 세로 20cm로 규정한다.

•• 플레이스 매트

테이블 세팅에서 플레이스 매트(place mat)는 테이블상의 퍼스널 스페이스(personal space)를 표현하는 리넨으로서, 보통 퍼스널 스페이스의 규격이 가로 40~45cm, 세로 30~35cm이므로 플레이스 매트 역시 이와 같은 사이즈를 가지고 있다. 이처럼 퍼스널 스페이스를 표현해 주기 때문에 플레이스 매트는 옆 좌석과의 분리감과 각 개인의 독립성을 표현한다. 플레이스 매트는 정찬의 경우에는 쓰이지 않는 것이 기본이며, 다양한 색상, 소재, 무늬 그리고 모양 등으로 테이블 세팅 디자인을 풍부하게 한다. 정찬에 사용되지 않아 주로 점심식사 때 많이 사용하게 된다고 하여, 영국식 점심식사의 표현인 '런천' 을 붙여 '런천 매트' 라고도 부른다.

•• 도일리

소서(saucer) 위 식기를 올려놓을 때나 컵을 올려 놓을 때 그릇사이에 마찰이 생겨 그릇이 상하거나 부딪혀 소리가 나는 것을 방지하기 위하여 사용하는 것을 도일리(doily)라 한다. 사이즈는 소서의 크기에 따라 다양하게 달라지게 되고, 레이스나 자수 등 섬세하게 표현되는 경우가 많다.

(2) 식기류

식기류는 재질, 용도, 모양 등에 따라 여러 종류가 있으나, 일반적으로 가장 많이 사용되는 것이 도자기이다. 도자기는 중국이 원산지이므로 보통 차이나웨어(chinaware)라고 표현되기도 한다. 도자기는 크게 재료와 소성온도에 따라 도기, 자기 그리고 석기 등으로 구분할 수 있다. 소성온도는 도자기 재료의 내열성에 따라 달라지게 되며 연질(soft paste)과 경질(hard paste)로 나눌 수 있다.

(3) 글라스

글라스(glass)의 재료가 되는 유리에 대한 기원설은 여러 가지가 대두되고 있으나 보통 글라스는 로마시대부터 '로만 글라스' 라는 투명한 유리가 만들어져서 테이블 세팅에 이용된 것으로 보고 있다, 글라스류의 가장 기본적인 분류는 형태로 나누는 것인데, 스템(stem)이라고 하는 식물의 줄기 같은 부분을 가지고 있는 형태를 고블렛(goblet), 스템이 없는 경우를 텀블러(tumbler)라 한다. 그 외에도, 글라스에 무엇을 담아 마시느냐에 따라 종류를 나누는 것이 가장 흔한 글라스 분류 방법이다. 이러한 기본적인 구분 외에도 용도, 모양과 형태 등 여러 가지 기준에 따라 여러 종류로 나눌 수 있다.

(4) 커트러리

음식을 집어 먹는 데 필요한 도구를 총칭해서 커트러리(cutlery), 플랫웨어(flatware) 또는 실버웨어(silverware) 등으로 부른다. 서양은 스푼, 포크, 나이프, 동양에서는 젓가락이 대표적인 종류이다. 서양에서 커트러리를 세트로 일반적으로 쓰기 시작한 것은 18세기부터라고 전해지며 서양 테이블 세팅에서는 어떤 요리에 사용하는가에 따라 커트러리의 종류가 달라진다.

(5) 센터피스

유럽의 상류사회에서는 식사 중간이나 후에 화려한 은기나 소장품 그리고 그림 등의 예술품을 식탁 중앙에 놓고 즐겼는데 그것이 센터피스(centerpiece)의 기원이라는 설이 전해진다. 센터피스는 테이블 세팅상 퍼블릭 스페이스(public space)에 해당되는 부분으로 대부분의 경우 테이블의 중앙부분에 해당되는 경우가 많으므로 센터피스에 따라 테이블 디자인이 크게 좌우되게 된다. 센터피스는 테이블 면적의 9분의 1이 넘지 않게 하고 높이는 45cm 이내로 하여 마주 앉은 사람과의 시선교환에 방해가 되지 않아야 한다. 센터피스에 반드시 플라워 어렌지먼트(flower arrangement)를 써야 하는 것은 아니나, 일반적으로 사람의 기분을 좋게 하고, 계절감을 가장 잘 나타내며 디자인상으로도 다양한 색상과 형태를 가지고 있으므로 플라워 어렌지먼트를 가장 흔하게 사용한다. 테이블은 식사를 하는 장소이므로 음식의 냄새를 방해하는 꽃이나, 독성을 내포하고 있는 꽃, 꽃잎이 너무 잘 떨어져 식사에 방해가 되는 꽃은 피하도록 한다. 플라워 어렌지먼트 외에 가장 흔하게 쓰이는 것은 촛대로, 옛날에는 어둠을 밝히기 위한 수단으로 사용했지만 오늘날에는 센터피스로 자주 활용한다. 단, 형식과 스타일에 벗어나지 않도록 유의하여야 하며 음식의 향을 방해하는 향초나 식사 중에 불편할 수 있는 연기가 나는 초는 피하도록 한다.

(6) 액세서리

테이블 액세서리(accessories) 또는 피겨(figure)는 식사하는 데 꼭 필요한 아이템은 아니지만 테이블 세팅에서는 다양한 활용도와 디자인상의 재미를 더해 준다. 여러 가지 액세서리 중 가장 흔하게 테이블에서 사용되는 액세서리의 종류와 용도는 다음과 같다.

•• 냅킨 링

냅킨을 고정하는 역할을 하는 냅킨 링(napkin ring)은 테이블 세팅 시 디자인상으로 포인트의 역할을 하며 냅킨 접기의 한 종류로써 흔하게 사용된다.

•• 네임 홀더

네임 홀더(name holder)는 테이블에서 각자의 자리를 정해 주는 역할인 네임카드를 고정시키는 역할을 한다. 다양한 재질과 모양, 스타일을 가지고 있어 테이블 세팅 시 디자인대로 구입하거나 만들어 사용할 수 있다.

⬆ 냅킨 링

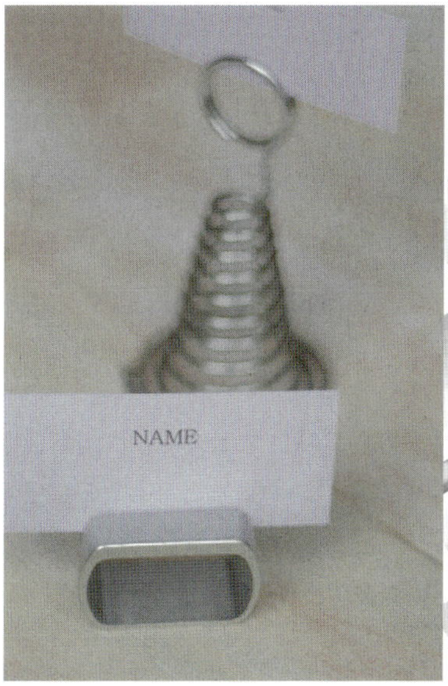

네임 홀더 ⬆

•• 클로스 웨이트

클로스 웨이트(cloth weight)는 탑클로스를 사용하였을 때, 네 개의 모서리에 달거나 테이블클로스의 끝부분에 다는 것으로 한쪽 면은 집게로, 한쪽 면은 모양을 가지고 있다. 모양부분이 꽤 무게가 나가므로 야외에서 세팅했을 때 바람에 테이블클로스가 날아가는 것을 방지하는 목적으로 쓰인다.

•• 레스트

커트러리의 받침으로 사용하는 것을 레스트(rest)라고 하는데, 정찬에서는 사용이 제한되어 있으므로 정찬을 제외한 캐주얼한 세팅에 사용한다.

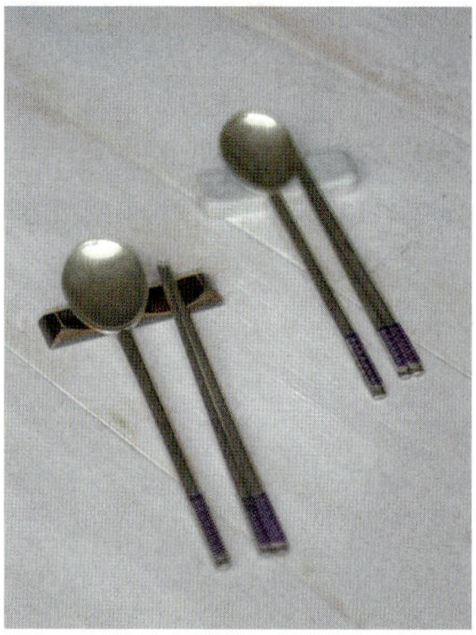

•• 글라스 마커

파티나 뷔페 등 사람의 수가 많을 때, 본인이 사용한 잔을 계속 사용하도록 하고 잔이 서로 바뀌는 것을 방지하기 위해 글라스 스템(stem) 밑부분에 본인 잔임을 알 수 있는 문양이나 이름을 적어 넣을 수 있도록 만들어 놓은 것을 글라스 마커(glass maker)라고 한다.

6. 꽃의 관리와 환경

절화는 원줄기로부터 줄기가 잘라져 뿌리 없이 줄기로부터 양분과 수분을 흡수하므로 절화하지 않은 꽃보다 쉽게 노화되어 수명이 짧아진다.

절화의 수명에 영향을 미치는 주된 요인으로는 수분흡수 불량과 호흡에 의한 양분소모, 그리고 에틸렌가스를 들 수 있다.

•• 수분흡수 불량의 주원인

· 줄기절구의 도관에 박테리아 및 곰팡이 등 미생물이 번식되어 도관이 좁게 되거나 막히는 경우
· 줄기의 사른 번에는 유액이 분비되어 설구가 굳어버리거나 도관을 막아버리는 경우
· 줄기 자른 후 도관 속에 기포가 생겨 도관을 막아버리는 경우

•• 꽃의 수명을 연장시키는 방법

절화의 채취 → 채취 후 손질과 보관 → 장식 후 관리 등으로 나누어 각 과정에 맞는 최선의 방법을 실시한다.

•• 꽃의 보관온도와 습도

보관온도는 8~11℃, 85~95%가 적당하고 습도는 70%로 유지해 준다.
· 열대, 아열대성 절화(극락조, 안스리움, 덴파레 등) : 약 8~13℃
· 온대성 절화(장미, 카네이션, 국화류 등) : 약 4~6℃

•• 꽃보관 수온

꽃의 물올림이 가장 잘되는 물의 상태는 미지근한 물이며, 38~40℃, 산도는 pH 4.5~7 정도가 적당하다.

•• 물올림

줄기는 물의 흡수면적이 최대한 넓게 되도록 잘리 즉시 물올림을 해야 한다. 오랫동안 공기 중에 노출되면 줄기의 물관이 기포로 막혀 물올림이 잘 안 되는 경우도 있기 때문이다.

•• 물속 자르기

물속에서 줄기를 자르거나 꺾어서 공기가 들어가지 못하도록 한다.
예: 카네이션, 알스트로메리아, 글라디올러스, 백합, 아이리스, 구근류

•• 열탕처리

꽃이나 잎이 상하지 않도록 종이에 싸서 3~5cm 정도를 끓는 물에 담근 후에 다시 찬물에 담궈 물올림한다.
예: 안개꽃, 국화, 스토크, 금어초, 캄파뉼라, 부바르디아

•• 탄화처리

줄기의 절단면 주변을 불에 그을린다.
예: 수국, 장미, 포인세티아

•• 줄기 두드림

줄기의 끝부분을 망치로 두들겨 짓이겨서 물의 흡수면을 넓혀 준다.
예: 작약, 버들

•• 펌프주입

펌프로 줄기 속에 물을 주입시킨다.
예: 수련

•• 약품처리

물속에서 줄기를 자른 후 알콜, 염산, 식초 등의 약품에 담근다.
예: 소금 – 카라, 라넌큘러스, 알코올 – 시크라멘, 등나무, 식초 – 맨드라미, 갈대

•• 꽃 관리시 주의 사항

- 사과를 비롯한 과일은 꽃에 치명적인 에틸렌 가스를 많이 발생하여 꽃과 함께 냉장고에 넣어두면 꽃의 노화를 촉진하여 빨리 시들어버린다.
- 절화는 불필요한 잎 등을 제거하여 수분의 증산을 막는다.
- 물속 자르기 등 꽃의 종류에 따른 적절한 물올림 처리를 한다.
- 물통에 물을 많이 넣어 줄기를 깊게 꽂아둔다.
- 구입한 꽃은 반드시 실내에서 30분 이상 물올림을 한 후 꽃 냉장고에 넣는다.

· 물을 자주 갈아 주거나 수명 연장제를 넣어 박테리아의 번식과 부패를 막는다.
· 꽃을 담는 용기는 항상 깨끗하게 청소하고 물은 자주 교체한다.
· 식물의 줄기 중에서 물속에 들어가는 부분에는 잎, 가시 등이 없도록 깨끗하게 제거한다.

Tip

■ 오브제란?

'물건, 물체, 객체 등의 의미와 이의를 제기하다' 등의 뜻을 지닌 프랑스어인 오브제는 예술과는 아무런 관계가 없는 물건이나 그 부분을 본래의 일상적인 용도에서 떼내어 절연함으로써 보는 사람에게 잠재된 욕망이나 환상을 불러일으키게 하는 상징적 기능의 물체나 의미를 말한다.

일상생활에 쓰이는 모든 물체는 그 나름의 용도나 기능 또는 독특한 의미를 지니고 있기 마련이다. 그러나 이러한 물체가 일단 오브제로 쓰이면 그 본래의 용도나 기능은 의미를 잃게 되고 이때까지 우리가 미처 체험하지 못했던 어떤 연상작용이나 기묘한 효과를 얻을 수 있게 된다. 따라서 초현실주의에서 오브제란 사람과 물체가 서로 교통하는 하나의 방법으로 생각되기도 했다. 또 오브제는 예술가의 생활과 생각의 관계를 표현하는 물건 그 자체로 인식되어 예술과 생활의 경계를 애매하게 만드는 데도 큰 역할을 했다.

■ 초현실주의 작가들의 오브제 분류

① 자연물의 오브제(광물, 식물, 동물 따위)
② 미개인의 도구나 주술적인 물체
③ 수학상의 오브제(수학적 원리에 의해서 구성된 입체적 모형 따위)
④ 발견된 오브제(흔히 오브제라면 이것을 가리킬 만큼 일반적인 것으로 표류물, 나무뿌리, 돌 기타 모든 오브제는 발견된 오브제라 할 수 있다.)
⑤ 해석된 오브제(이를테면 발견된 오브제인 나무 뿌리를 약간 가공해서 거꾸로 놓으면 전혀 다른 물체의 모습으로 보이기도 하는데, 이것이 바로 해석된 오브제이다.)
⑥ 재해의 오브제(화재가 난 뒤 어떤 물건이 불에 타서 예상할 수 없을 만큼 초조형적으로 변형된 경우)
⑦ 기성품의 오브제(실용을 목적으로 만든 기성 제품에 단순히 서명을 함으로써 예술품으로 전이시킨 것)
⑧ 움직이는 오브제(어떤 종류의 자동 인형이나 풍차 따위와 같은 것으로 콜더의 모빌이나 팅겔리의 〈자멸기계〉 등이 여기에 속한다.)
⑨ 상징 기능의 오브제(달리가 발명한 것으로 인간의 잠재 의식에 직접 호소한 것)

■ 오브제를 이용한 기법

파피에콜레, 콜라주, 데콜라주(decollage)

Flower & Table Design

Ⅱ 플라워 & 테이블 디자인의 연출

Flower & Table Design

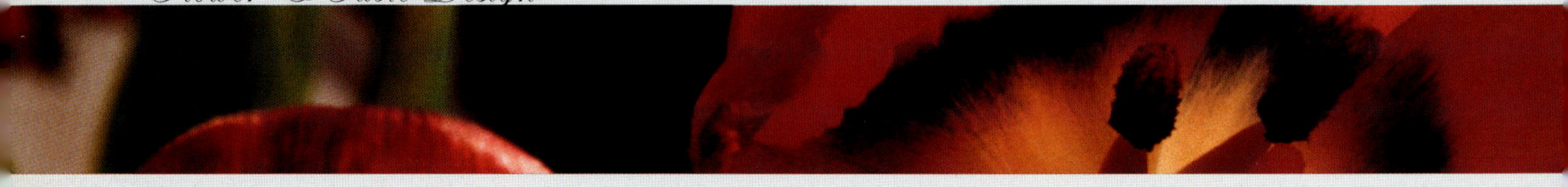

01 형태별 플라워 디자인과 테이블 연출

- 수직형 | 수평형 | 대칭 삼각형 | 비대칭 삼각형 | 원형
  부채형 | 크리센트 | S자형
- L자형 | 역T자형 | 타원형 | 사각형 | 패러럴(병행)
- 비더마이어 | 밀드플레 | 워터풀 | 피닉스 | 돔형
- 리스 | 갈란드 | 가든플라워 | 콘디자인
- 토피어리 | 도일리 | 스프레이 셰이프 | 초와 꽃을 이용한 장식
- 중식 | 일식 | 하드캐주얼

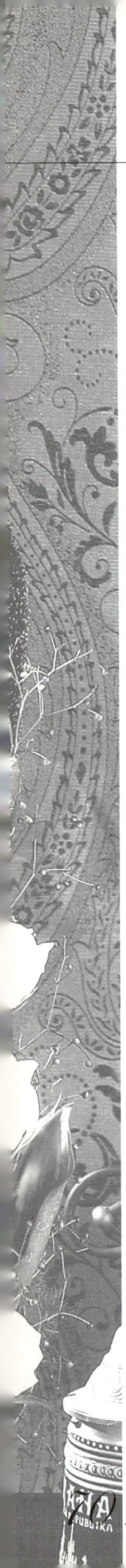

수직형 vertical

수직의 라인을 강조한 형태로 높이는 높고 폭이 좁은 형태의 디자인이다. 직선적이고 남성적인 디자인으로 기본형 중 하나이다. 입체적 · 평면적 구성이 가능하고 수직 디자인이라고도 한다.

단 길이가 짧으면 원추형과 같은 느낌을 줄 수 있으므로 길게 연출하는 것이 좋으며 수직선의 형태를 해치지 않도록 폭을 넓게 해서는 안 된다.

테이블 디자인 Table design

고딕(Gothic)

시대적으로 고딕을 나누면 12~15세기경(중세시대)으로 볼 수 있으며 고딕양식의 유행이 건축에서부터 시작된 것이기에 건축양식(노틀담, 쾰른, 요크, 웨스트민스턴 사원 등에서 느낄 수 있는 높은 건물과 뾰족한 첨탑, 수직적이고 직선적인 느낌, 스테인드글라스)의 스타일에서 연계되는 이미지를 수직형의 꽃꽂이와 테이블에 연출해 보았다.

블랙과 퍼플 블루 등의 색을 이용하여 무겁고, 수직적인 느낌을 연출하였으며 수직형 꽃꽂이가 다소 높은 감이 있기 때문에 센터피스용으로 사용하기에 무리가 있을 수도 있겠으나 스탠딩 파티나 뷔페 테이블 경우 충분히 활용할 수 있을 것이다.

Flower & table Design

소재

미디오글라더스

밀레

장미

코르딜리네

잎안개

구성도

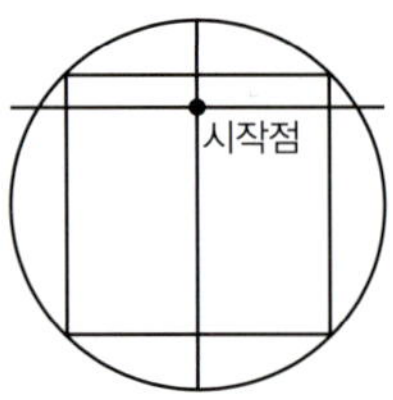

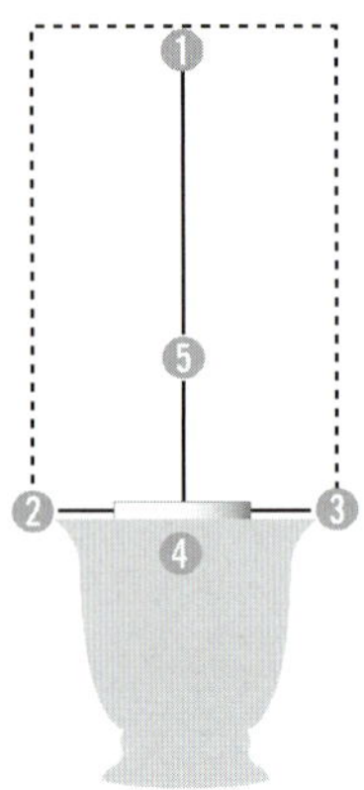

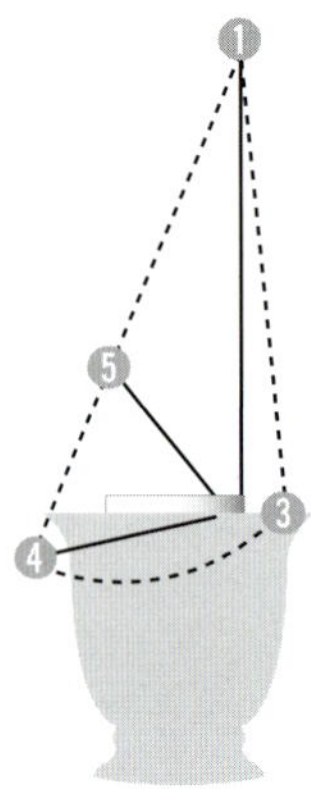
측면도

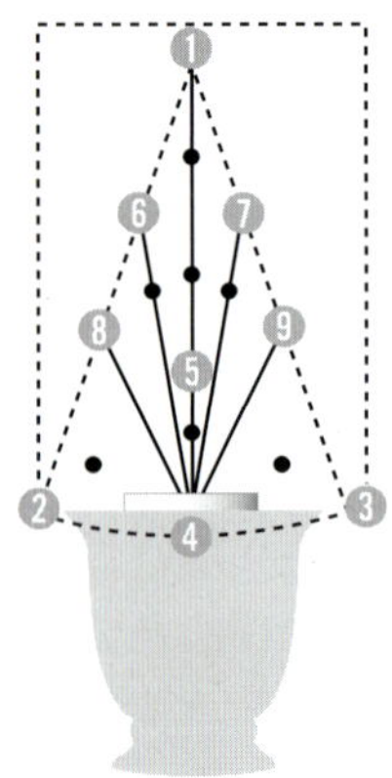
정면도

제작과정

Step ❶

플로랄 폼을 화기보다 3~5cm 높게 세팅한다.

Step ❷

미디오글라디스를 플로랄 폼을 가리듯이 꽂는다.

Step ❸

밀레의 선을 살려 수직형의 중심을 잡는다.

Step ❹

장미는 초점(focal point)을 향하여 꽂되 전체적인 수직형태를 벗어나지 않게 연결하여 꽂는다.

Step ❺

코르딜리네를 말아서 꽂아 공간을 채운다.

Step ⑥

잎안개를 필러로 이용하여 가벼운 느낌으로 윗부분의 공간을 채운다.

수평형 horizontal

테이블 위나 다른 평평한 표면과 수평형 라인을 강조하는 것으로 편안하고 안정적인 형태이다. 일반적으로 중심축을 기점으로 양쪽이 똑같이 배치된다. 그러나 응용된 디자인형태의 경우 그렇지 않은 경우도 있다. 외곽선(out line)은 원형, 타원형, 스퀘어 등 다양한 형태로 구성 할 수 있다. Table 장식의 대표적인 디자인으로 결혼식, 약혼식 등 각종 행사에 테이블 센터피스(table centerpiece)로 많이 이용된다.

테이블 디자인 Table design

한식

한식상차림의 기본은 독상이다. 식탁 자체를 장식하기보다는 요리에 고명을 얹거나 계절에 따라 식기를 다르게 사용하거나 상 자체에 조각을 넣어 상차림의 품격을 정갈하고 고급스럽게 연출한다. 독상이 기본이긴 하나, 상황에 따라 여러 가지 디자인 연출이 가능하며 갈색과 베이지색 테이블크로스를 사용하여 차분하면서도 고급스럽게 이미지를 연출해 보았다.

Flower & table Design

소재

화초토마토

옥잠화

금송

연밥

기장수수

소국

구성도

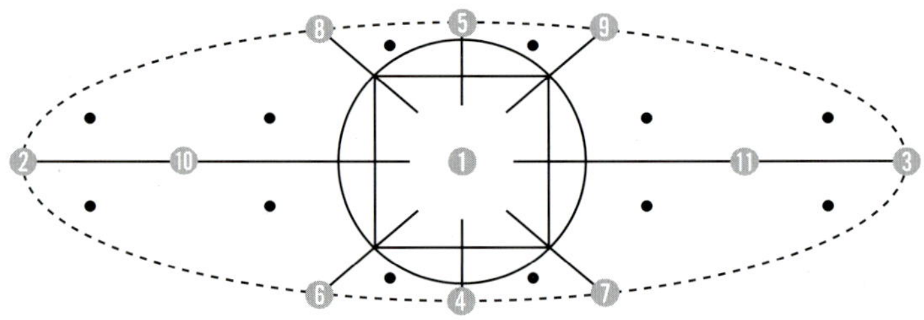

평면도

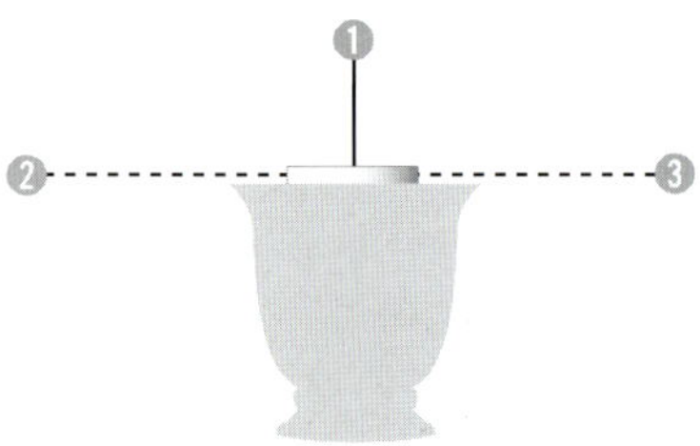

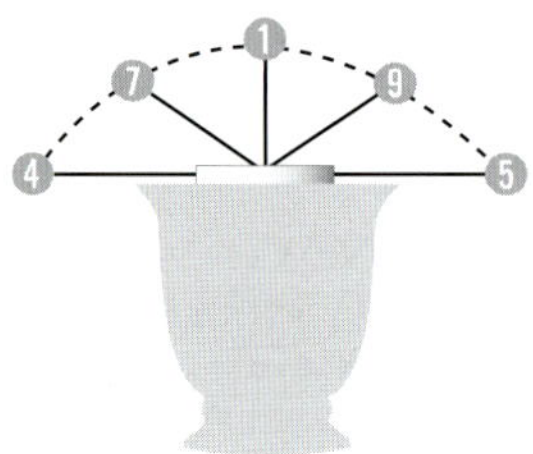

측면도

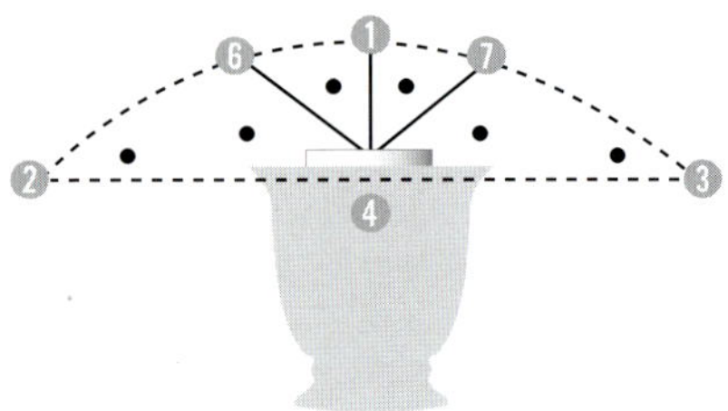

정면도

제작과정

Step ❶

플로랄 폼을 화기 위로 3~5cm 정도 높게 세팅한다.

Step ❷

화초토마토는 길이를 다르게 잘라 엇갈리게 하여 플로랄 폼 중앙에 U핀으로 고정시킨다.

***U핀**
와이어를 'U'자 모양으로 구부려서 고정할 때 사용함

Step ❸

안정감을 주기 위해 옥잠화 2개를 화기 뒷부분에 꽂는다.

Step ❹

금송으로 빈 공간을 골고루 채운다.

Step ❺

연밥으로 플로랄 폼 중앙에 초점(focal point)을 만든다,

Step ❻

기장 수수를 두 묶음으로 만들어 하나는 길게 앞으로 늘어지게, 다른 하나는 그 옆으로 자연스럽게 꽂는다.

Step ❼

나머지 부분을 소국으로 메꾼다.

수평형 응용I

플로랄 폼 위에 용수초를 디자이너 와이어로 밴딩하여 수평으로 서로 엇갈리게 놓는다. 용수초와 용수초 사이에 연밥과 맨드라미, 조, 하이페리콤으로 공간을 메꾸어 준다.

수평형 응용II

플로랄 폼을 물이 흐르지 않게 셀로판지로 싸준다. 셀로판지 위에 양면 테이프를 붙이고 그 위에 마디초를 하나씩 붙인다. 라피아로 양쪽을 고정시켜 주고 장미와 소국, 밀짚꽃 등을 꽂고 호엽란으로 장식하여 입체감을 준다.

대칭 삼각형 symmetty triangular

가장 일반적으로 많이 사용되며, 세 개의 직선으로 꼭지점을 잇는 기하학적인 도형의 디자인으로 삼각 모양의 형태이다. 이것을 변형시켜 비대칭 삼각형, 수직형 등으로도 표현할 수 있다. 세 개의 끝점이 정확한 형태를 하고 있으며 수직의 축을 기점으로 양쪽이 같은 좌우대칭을 이루어야 한다.

줄기는 방사형으로 구성하며, 대칭삼각형은 정삼각형과 이등변 삼각형, 낮은 삼각형으로 나뉜다.

소재

케로네

연산홍

네프로네피스

다알리아

천일홍

구성도

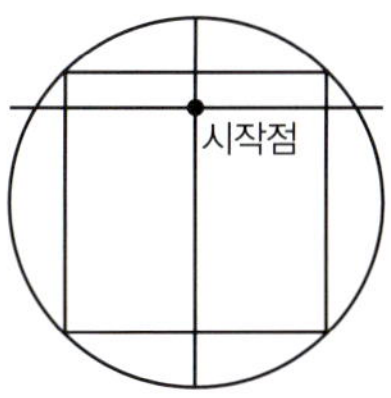

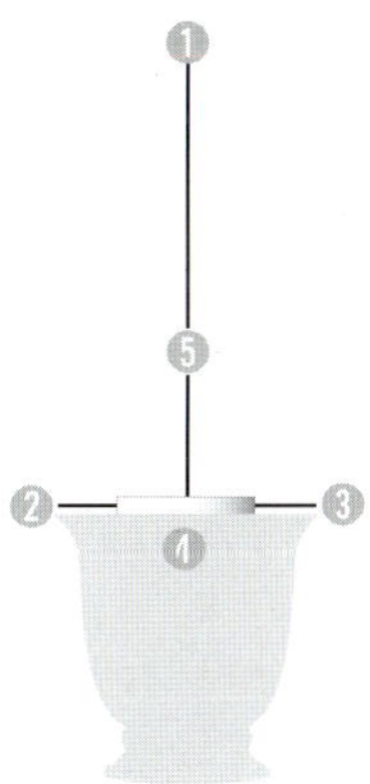

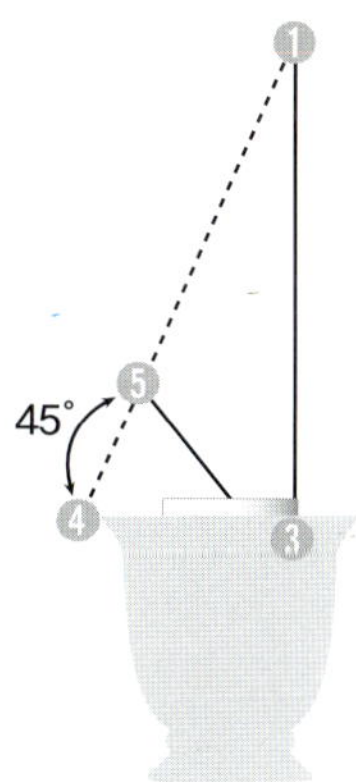

측면도

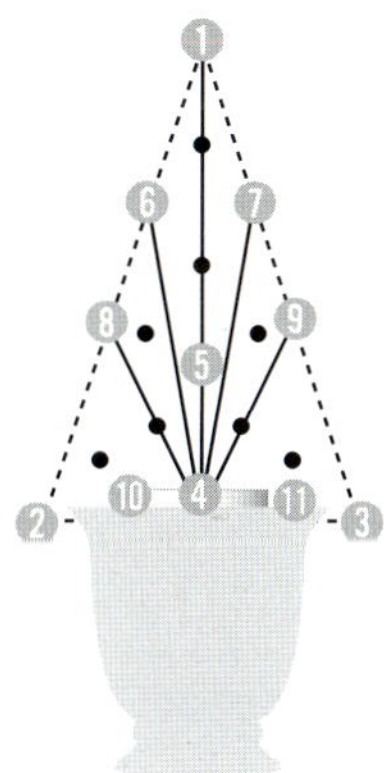

정면도

제작과정

Step ❶

플로랄 폼의 2/3 지점에서 뒤편으로 5~10° 기울여 높이를 라인 플라워인 케로네로 정하고 좌 · 우 수평선으로 넓이를 정한다. 연산홍을 짧게 꽂는다.

Step ❷

네프로네피스를 꽂아서 화형의 삼각구도가 정확하게 보이도록 한다.

Step ❸

중심선에서, 45° 각도로 폼 플라워인 다알리아를 초점(focal point)으로 하여 꽂는다.

Step ❹

필러 플라워인 천일홍을 꽂아 전체를 마무리하여 꽂는다.

비대칭 삼각형 asymmetty triangular

대칭 삼각형이 약간 변화된 형태로 수직축의 양쪽이 다른 구성을 가지고 있는 삼각형을 말하며 수직축을 중심으로 양쪽이 다른 형태이다. 대칭 삼각형보다 자유스럽고 부드러운 느낌을 가지고 있다. 비대칭 삼각형으로는 부등변 삼각형이 있다. 실질적으로 세 변의 길이와 세 각의 크기는 같지 않으나 시각적으로 양쪽 무게 균형이 같아야 한다.

소재

용담초

네프로네피스

장미

다알리아

불로초(꿩의 비름)

아게라덤

구성도

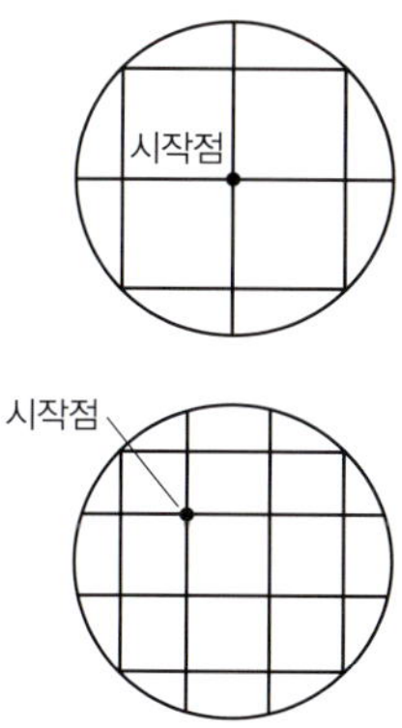

정면도

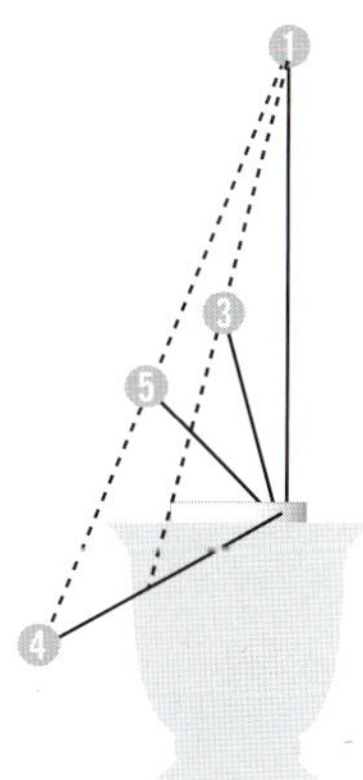

측면도

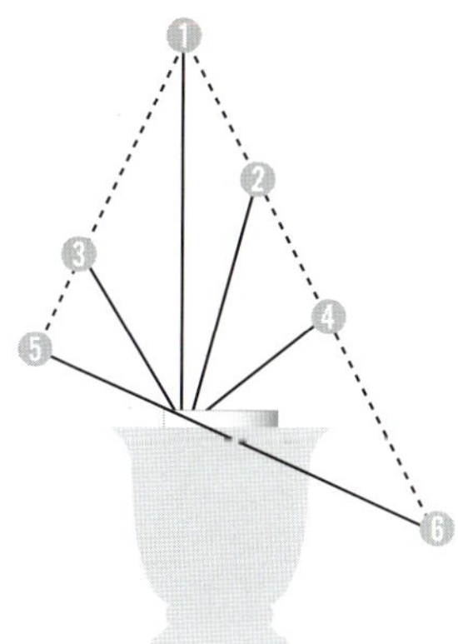

정면도

제작과정

Step ❶

플로랄 폼을 화기 위로 3~5cm 정도 높게 세팅한다.

Step ❷

플로랄 폼의 2/3지점 뒤편으로 5° 기울여 라인 플라워인 용담초를 꽂는다. 양끝에 용담초를 기준으로 라인의 길이가 8:5:3이 되게 꽂는다.

Step ❸

사이사이에 네프로네피스를 꽂아 주고, 장미를 꽂아 비대칭 삼각형의 골격을 완성한다.

Step ❹

다알리아로 45° 에 초점(focal point)을 잡고, 장미 사이에 다알리아를 꽂아준다.

Step ❺

불로초(펑의 비름)를 짧게 잘라서 사이사이에 꽂아 깊이감을 주고 면을 채워준다.

Step ❻

아게라덤을 사이사이에 꽂아 전체를 마무리한다.

원형 round

원형 디자인은 고전적인 디자인의 하나이며 기본형의 하나로 사방화와 일방화가 있다. 초점을 향해서 움직이는 방사상의 구성을 가지고 있으며, 중심 초점을 기준으로 중심 대칭을 이루며 기본 초점에서 360° 방사형으로 꽂으며, 어떤 면에서 보아도 360° 시각적인 무게가 안정적으로 균일한 대칭형이다. 일반적인 꽃다발, 꽃꽂이, 신부부케 등에 다양하게 사용된다.

테이블 디자인 Table design

클래식(Classic)

라틴어 '최고(class)'의 뜻에서 유래되었으며 '일류의, 표준적인, 최고 수준의'라는 의미로 사용되고 있다.

남성적이며, 극적인 분의기를 계승한 바로크 시대풍과 르네상스의 절제미와 질서를 계승한다. 일반적으로 클래식 스타일은 영국의 양식미와 격조 높은 이미지를 말한다. 따라서 클래식 스타일의 테이블 연출에서는 품격 높은 테이블웨어와 커트러리의 조화를 연출하고 고상한 소재의 리넨을 이용하여 화려하고 품격 있는 분위기를 연출한다.

센터피스로 자주 사용되는 원형 꽃꽂이와 클래식 세팅을 연출하였다

전체적으로 골드, 갈색, 블루, 레드를 사용하였다.

Flower & Table Design

소재

장미

거베라

에키나시아

구로사비카

소국

무늬둥글레(명자란)

하이페리쿰

마타리

루스커스

잎안개

구성도

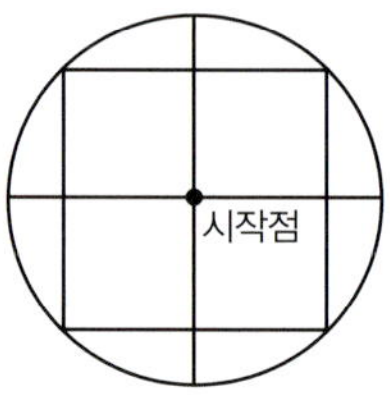

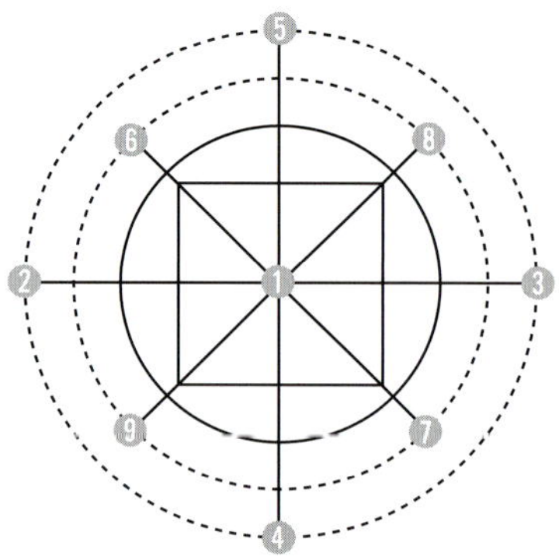

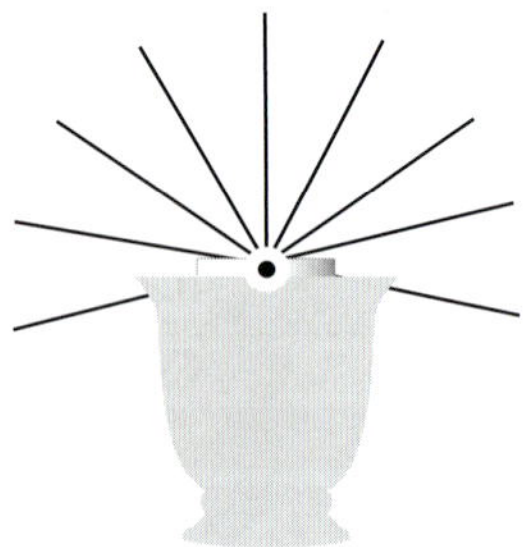

사방 디자인(all-around)

제작과정

Step ❶

플로랄 폼을 화기 위로 3~5cm 정도 높게 세팅한다.

Step ❷

플로랄 폼에 원형의 형태로 무늬둥글레(명자란)와 루스커스를 꽂는다.

Step ❸

동일한 길이의 장미를 일정한 간격을 주면서 원형으로 꽂는다.

Step ❹

폼 플라워(form flower)인 거베라를 장미 사이에 꽂고 에키나시아를 조화롭게 꽂는다.

Step ❺

필러 플라워(filler flower)인 소국과 하이페리쿰을 주소재인 장미 사이에 조금 높게 꽂아 자연스런 형태로 만든다.

Step ❻

잎안개, 마타리, 구로사비카를 빈곳에 분산시켜 꽂는다.

부채형 fan style

라디에이팅 스타일(Radiating style-Fan shape)이라고도 하며 벽면에 대해 초점을 중심으로 방사형이 뻗어 있는 느낌으로 우아하고 화려한 디자인이다. 원을 반으로 잘라 놓은 듯한 형태를 가지고 있으며, 부채를 형태로 만드며 방사형 어레인지먼트라고도 한다.

테이블 디자인 Table design

로코코(Rococo)

로코코 스타일은 곡선이 주류를 이루는 디자인으로서 곡선 중에서도 특히 알파벳 C와 S자를 닮은 곡선이 복잡하게 얽힌 디자인이 그 주류를 이룬다. 이 곡선들과 함께 로카유(rocaille)가 로코코의 주요 모티프이다.

로카유란 동굴 속에서 볼 수 있는 구멍이 숭숭난 바위, 조개, 물, 해초 등을 말한다.

아이보리, 옐로, 퍼플 등의 색으로 차분하며 여성스러운 느낌의 세팅하면서도 뒷배경을 단색 배경이 아닌 주름 잡힌 커튼을 넣어 좀더 여성스러운 느낌을 강조해 주었다.

Flower & Table Design

소재

델피늄

곱슬버들

네프로네피스

카라

용담

나리

솔리다스

케로네

구성도

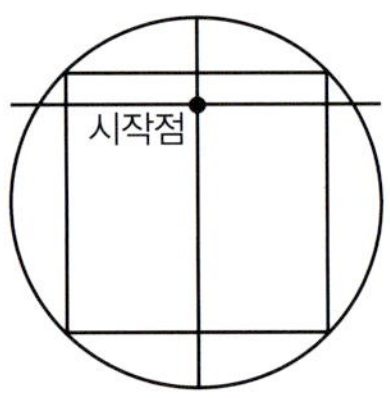

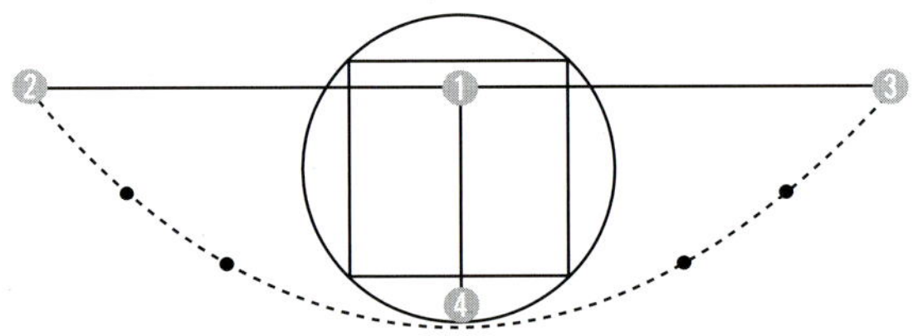
평면도

정면도

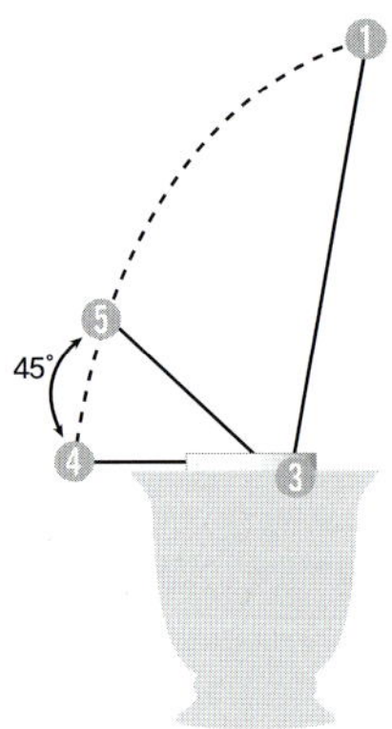

측면도

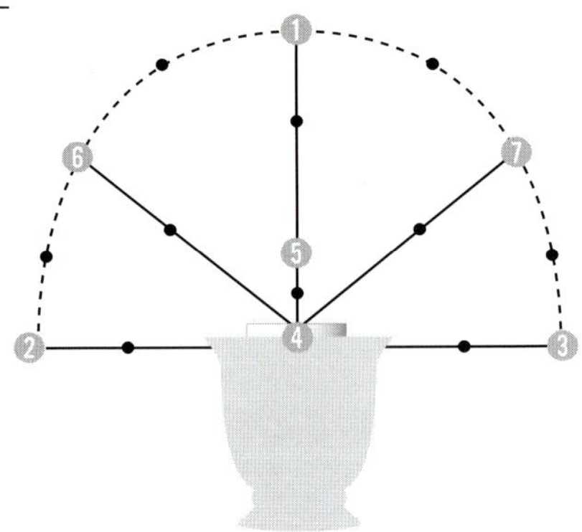
정면도

제작과정

Step ①

플로랄 폼을 화기보다 3~5cm 높게 세팅한다.

Step ②

네프로네피스를 플로랄 폼의 중앙선보다 뒤쪽으로 방사형을 유지하며 꽂는다.

Step ❸

카라와 곱슬버들도 ❷와 같은 선상에서 꽂는다.
무거운 소재를 중앙보다 뒤쪽으로 무게중심을 두어야 완성 후 앞으로 쓰러지지 않는다.

Step ❹

델피늄을 카라의 사이사이에 꽂아준다.

Step ❺

중심부에 폼 플라워(form flower)인 나리를 기구상의 초점을 향해 꽂는다. 나리의 높이는 팬형을 옆에서 봤을 때 볼륨감을 결정한다.

Step ❻

라인 플라워인 용담과 케로네를 방사형 형태를 유지하여 꽂고 필러 플라워인 솔리다스로 공간을 채운다.

크리센트 crescent

바로크 시대에 유행했던 초생달의 모양의 형태를 크레센트라 한다.

대부분 비대칭으로 구성하며, 경우에 따라서는 대칭으로 작업하기도 한다. 그러나 대칭에 비해 비대칭구성이 자연스럽게 느껴지며 3:5:8의 비율을 많이 사용한다. 우아하고 화려한 형태로 테이블 센터피스(table centerpiece)로 많이 사용한다.

테이블 디자인 Table design

바로크(Baroque)

장중하고 무거운 느낌을 주면서 입체적인 것이 바로크의 특징이다.

바로크 스타일만의 대담하고 역동적인 힘을 흔히 남성에 비유한다.

바로크 시대에 유행했던 크리센탈형의 꽃꽂이를 함께 연출하고 전체적인 색 컨셉트를 진한 브라운, 골드, 진한 빨강 등 채도를 낮추어서 그 느낌을 살리도록 연출하였다.

소재

유칼립투스

장미

과꽃

소국

하이페리쿰

구성도

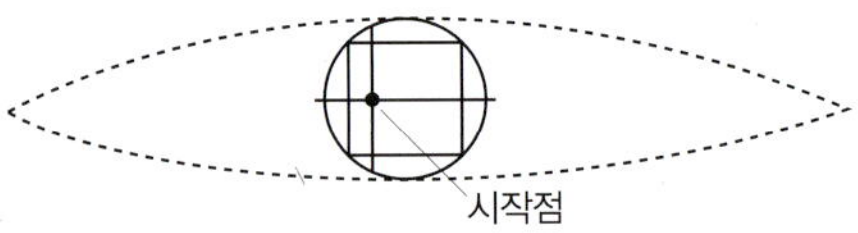

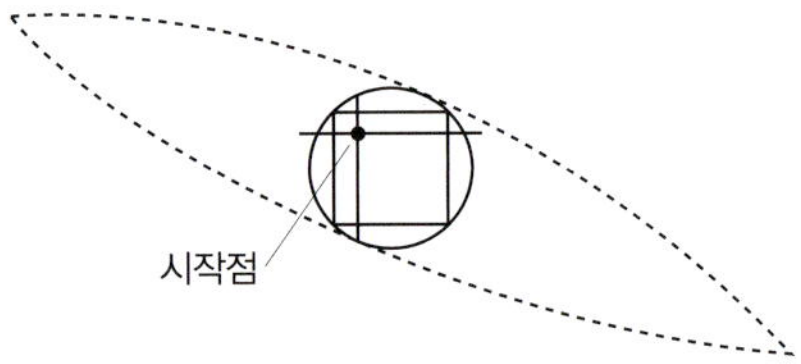

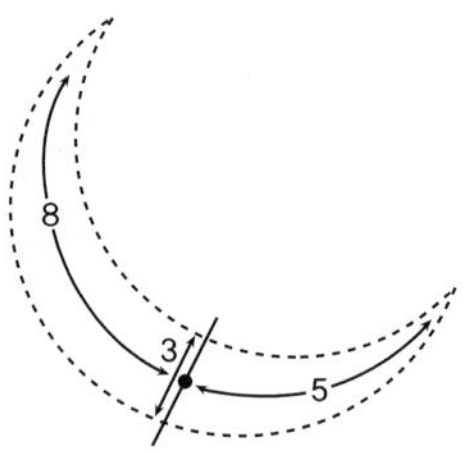

크리센트의 비율

정면도

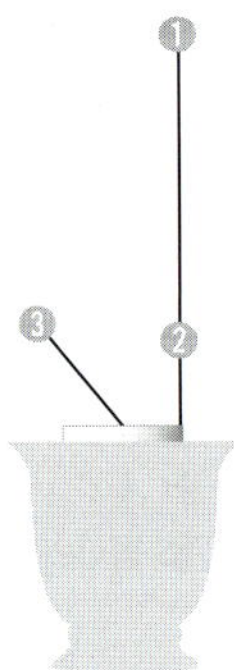

측면도

정면도

제작과정

Step ❶

플로랄 폼을 3~5cm 높게 세팅한다.

Step ❷

비대칭으로 구성하여 3:5:8의 비율로 라인 플라워(line flower)인 유칼립투스로 C자형의 형태를 잡는다.

Step ❸

시각적 무게를 위해 중심부에 초점(focal point)를 두는데, 포인트는 매스 플라워(mass flower)인 장미로 꽂는다.

Step ❹

소국을 빈 공간에 꽂는다.

Step ❺

하이페리쿰을 꽂아 크리센트를 보완한다. 크리센트는 전체 길이보다 폭이 20%를 넘으면 뚱뚱해 보이므로 주의한다.

Step ❻

마지막으로 과꽃을 꽂아 부드러운 곡선의 이미지로 꽂는다.

S자형 hogarth line

벽면에 대해 S자 모양으로 디자인으로 18세기 영국의 판화가 윌리엄 호가스(Willam Hogarth)의 이름에서 비롯되었다. 바로크 시대에 유행하던 디자인이기도 하며 섬세하고 유동적인 곡선의 미를 표현한 것이다.

소재

대극도(파초밀엽)

델피니움

장미

스프레이 카네이션

천일홍

구성도

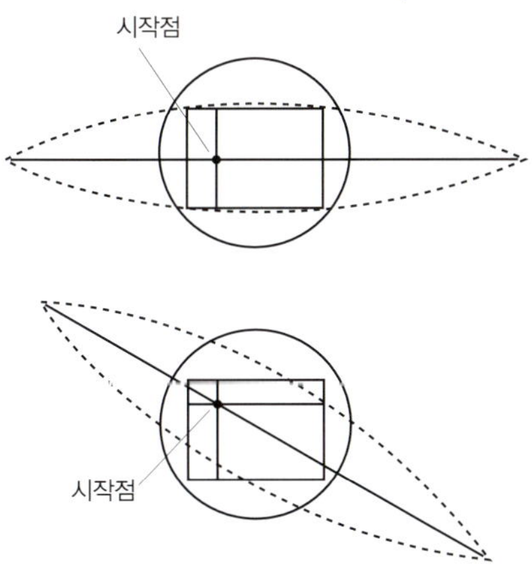

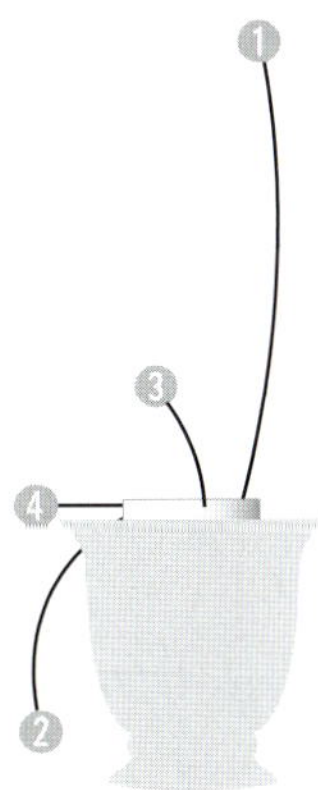
측면도

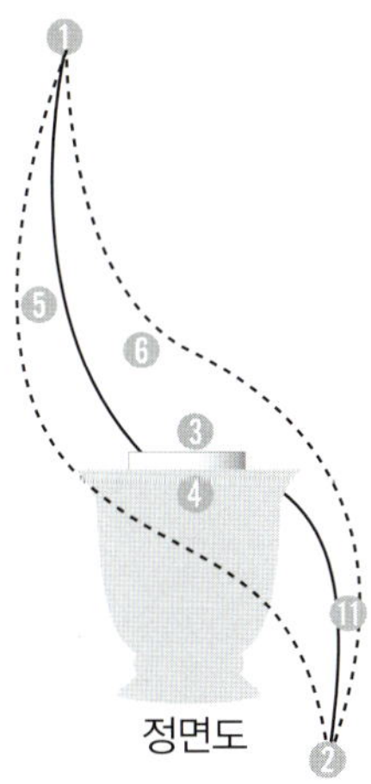
정면도

제작과정

Step ❶

약간 높은 화기를 사용하여 플로랄 폼을 3~5cm 높게 세팅하여 아래로 흐르는 선의 각도를 표현할 수 있게 한다.

Step ❷

라인 플라워인 대극도를 사용하여 5:8, 3:8의 비대칭 원형을 구성하여 중심축을 지나듯 곡선을 연결하고 델피늄으로 구성한다.

Step ❸

폼 플라워인 장미로 초점(focal point)을 구성하여 꽂는다.

Step ❹

카네이션을 꽂아 S자형을 형성한다.

Step ❺

천일홍을 꽂아 시각적인 움직임으로 율동감을 강조한다.

L자형 뷔페 & 파티

기본형 중의 하나인 지오메트릭 디자인으로 좌우 대칭이 똑같은 꽃으로 디자인한다.

벽면에 대해 L자 모양으로 디자인하며 한쪽 방향으로 치우치는 디자인이므로 그 옆에 장식용(꽃병, 시계, 거울 등)을 두면 잘 어울린다. 또한 장소에 따라 소재를 선택한다. 지오메트릭은 수직과 수평을 90°로 유지시키면서 정확한 형태를 만들어준다.

소재

리아트리스

카라

네프로네피스

케로네

불로초(꿩의 비름)

구성도

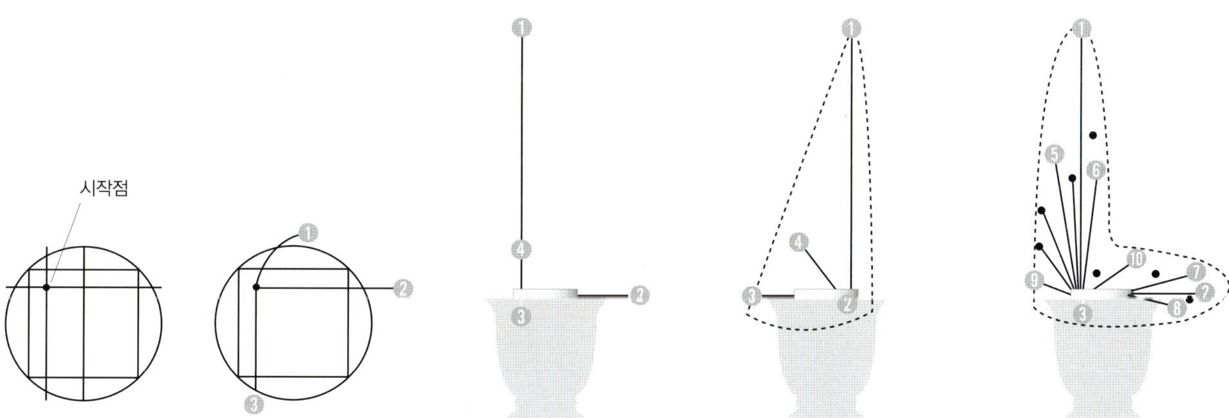

평면도 정면도 측면도 정면도

제작과정

Step ❶

플로랄 폼을 화기보다 3~5cm 높게 세팅한다.

Step ❷

라인 플라워인 리아트리스로 L자 선을 잡는다.이 때, 플로랄 폼의 중심보다 뒤쪽 2/3~3/4 위치의 점에 꽂는다.

Step ❸

네프로네피스로 라인 요소의 리아트리스를 보조한다는 느낌으로 L자를 강조하며 꽂는다.

Step ❹

폼 플라워인 카라를 초점(focal point)로 잡는다. 이 때 중심부터 시선이 모이되 L자형의 형태에 어긋나지 않도록 한다.

Step ❺

카라를 L자형의 수평과 수직이 만나는 정확한 곳에 꽂은 후 카라 사이에 케로네를 꽂는다.

Step ❻

불로초(꿩의 비름)를 짧게 꽂아 플로랄 폼을 가려준다.

역 T자형 inverted 'T' style

벽면에 대해 'T' 자를 뒤집어 놓은 형태로 디자인하며 아웃라인은 트라이앵글 스타일과 같고 양 옆은 같은 종류 꽃을 같은 길이로 하여 안정감 있게 표현한다.

소재

글라디올러스

모세모스

장미

소국

구성도

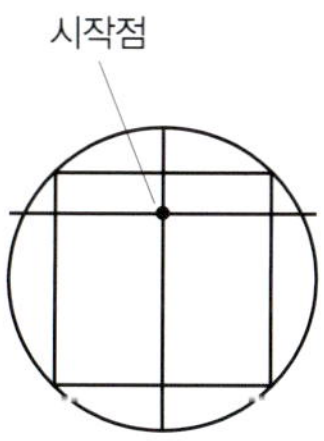

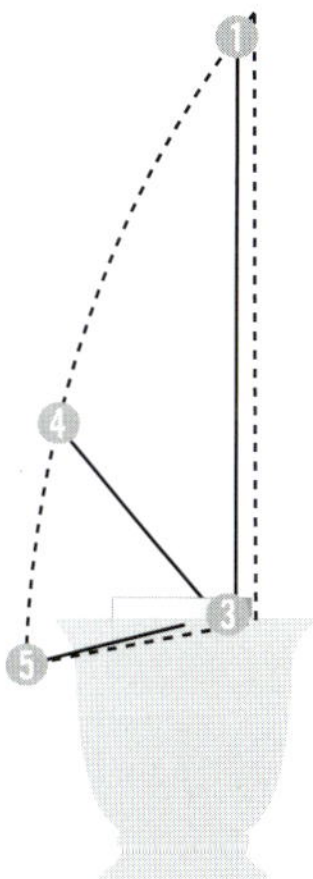

측면도

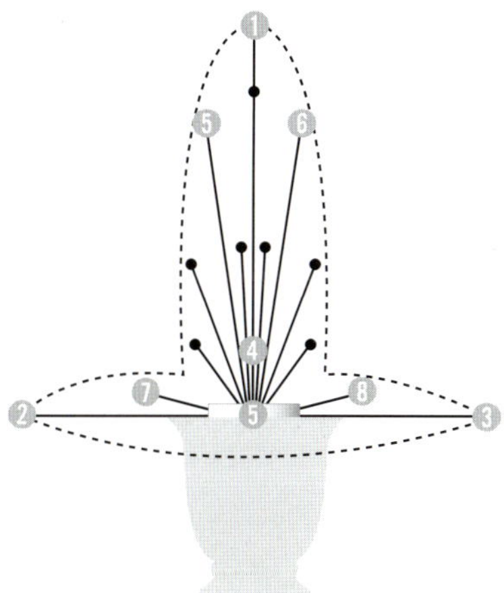

정면도

Step ❶

플로랄 폼을 화기 위로 3~5cm 높게 세팅한다.

Step ❷

라인 플라워의 글라디올러스로 역 T자형의 라인을 잡는다. 이때 수직선과 수평 전체의 길이가 1:0.8 비율이 되도록 한다. 단, 수평을 조금 짧게 해 안정적으로 한다.

Step ❸

모세모스로 라인을 보완하되, 적당량을 통해 전체적인 라인에 어긋나지 않도록 한다.

Step ④

장미로 초점(focal point)을 만든다. 수평선과 수직선이 만나는 측면에서 본 90° 지점에 45° 기울기로 장미를 꽂는다.

Step ⑤

소국을 초점에 조금 짧게 해 안정적으로 꽂고 윤곽이 뚜렷한 역 T자형 모양이 나도록 소국을 꽂는다.

타원형 oval style

수평형의 기본 디자인으로 원형이 위아래로 조금 길어진 형태다. 사방에서 볼 수 있는 입체적인 타원형이며, 영원, 불변, 승리의 뜻을 가지고 있기 때문에 결혼식이나 약혼식 같은 행사에도 많이 사용된다. 이 디자인은 우아하고 화려한 느낌을 준다.

소재

스토크

맨드라미

소국

구로사비카

미리오글라더스

구성도

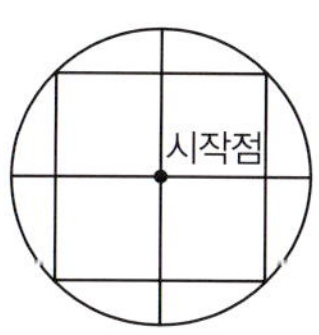

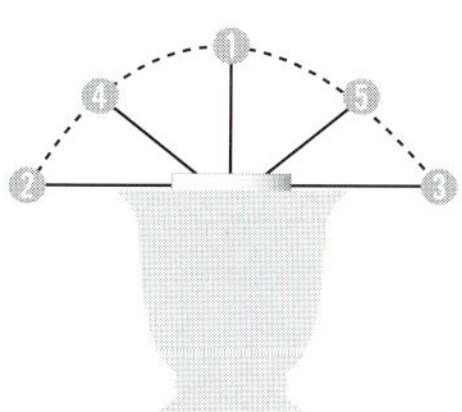
정면도

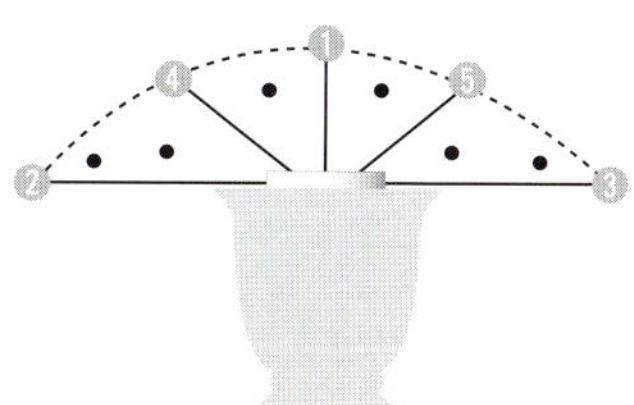
측면도

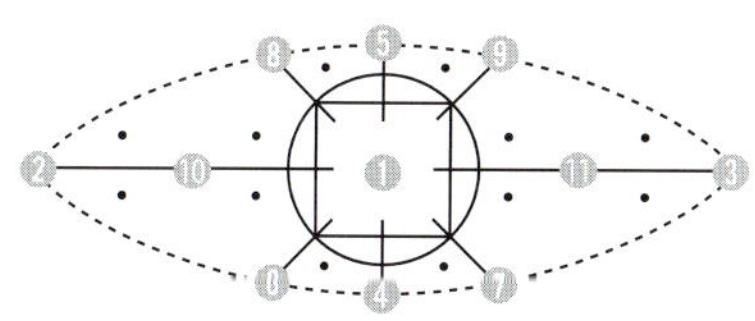
평면도

제작과정

Step ❶

플로랄 폼이 흔들리지 않게 플로랄 폼 고정 테이프를 이용하여 +형태로 고정한다.

Step ❷

라인 플라워인 스토크로 타원형의 윤곽을 잡는다. 곡선이 살아 있도록 구성한다.

Step ❸

폼 플라워인 맨드라미로 입체감과 율동감을 살리며 타원형의 형태에 어긋나지 않도록 꽂는다.

Step ❹ 소국으로 풍성함을 더한다.

Step ❺ 미리오글라더스로 플로랄 폼이 보이지 않도록 빈 공간에 꽂는다.

사각형 square

정사각형이나 직사각형으로 만드는 형태이다. 높이를 결정하는 2개의 선과 아래의 길이를 결정하는 2개의 선으로 구성되어 있으며 일반적으로 초점은 4개의 선이 만나는 곳에 위치하며 4곳의 선에 같은 소재를 사용해도 좋지만 다른 소재를 사용하는 경우도 많다. 초점이 너무 높지 않게 꽂는다. 사각형의 형태는 반드시 갖추어야 한다.

소재

탑사철

맨드라미

리시안서스

설악초

소국

꽃범의 꼬리

마타하리

구성도

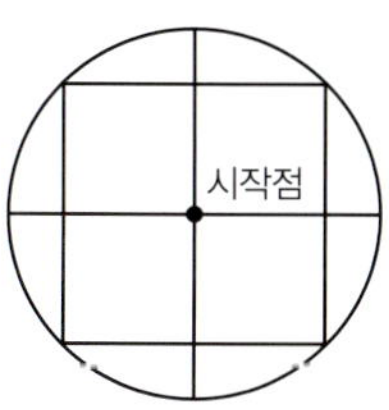

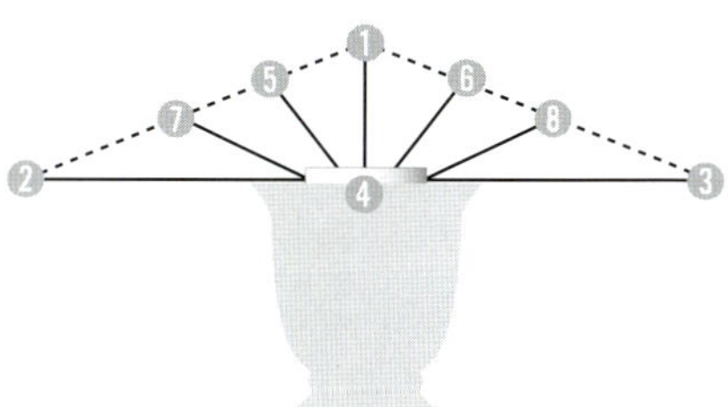

정면도

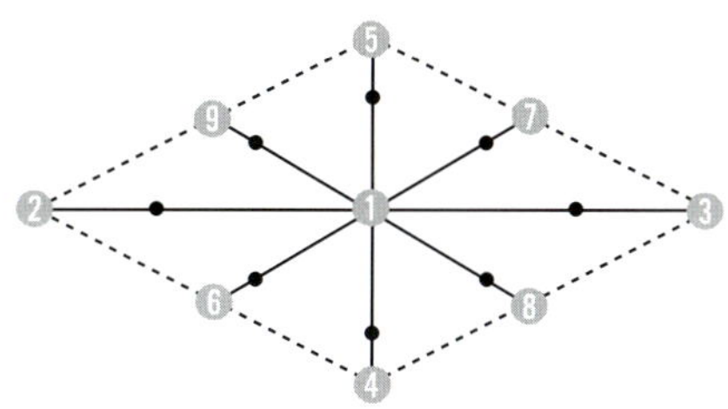

평면도

Step ❶

수직과 수평을 이루는 비율을 1:4를 기준으로 라인 플라워 탑사철을 사각의 전체 윤곽을 잡는다(좌우선이 90° 정도로 사용한다).

Step ❷

초점(focal point)은 폼 플라워인 맨드라미로 선이 만나는 중심에 꽂는다.

Step ❸

맨드라미로 형태를 완성시킨 후 리시안서스를 빈 공간에 배치하여 공간을 채운다.

Step ❹

일초점을 구성하여 360° 기본 디자인으로 정확한 사각형을 구성한다.

Step ❺

필러 플라워인 소국과 설악초를 사이사이에 꽂는다.

Step ❻

마타리를 사이사이에 흩어지게 꽂는다.

Flower & Table Design

벽면에 대한 사각형(일방화)

델피늄으로 사각형의 형태를 만든다. 시베리아로 시각상의 초점을 꽂고 장미와 아게라덤, 불로초로 4개의 라인을 연결시킨다.

패러럴(병행) parallel

꽃들은 반드시 평행이어야 하며 각기 다른 밑부분으로부터 5cm의 간격으로 꽂았다면 어레인지먼트의 맨 위쪽에서도 같은 간격이 유지되어야 한다. 이 때 한 방향으로 배열했을 때를 평행이라고 한다. 각 부분의 초점으로부터 각 수직의 그루핑들이 서로 다른 밑부분의 축으로부터 수직적으로 움직이도록 분리시킨다.

테이블 디자인 Table design

모던(Modern)

모던 스타일은 도시적이고 샤프하며 합리적이면서 진보적인 이미지를 가진다.

모던 스타일의 연출을 위해 테이블클로스는 대체적으로 모노톤을 사용하고 디자인에 따라 한두 가지 색으로 포인트를 주기도 한다. 색을 절제해야 모던한 느낌을 제대로 살릴 수 있고 메탈적인 느낌을 넣어 주는 것도 스타일을 살리는 좋은 방법이다. 따라서 식기나 다른 테이블 소재에서도 차가운 유리나 메탈을 사용하면 연출하기 편리하다.

유리 테이블에 블랙 스텐 재질의 식기와 유리잔을 통해 절제된 모던함을 강조하였다. 꽃 역시 평행으로 꽂아 간결한 선을 강조해 보았다.

Flower & Table Design

소재

멕시코 조

왁스플라워

에키나세아

용수초

구성도

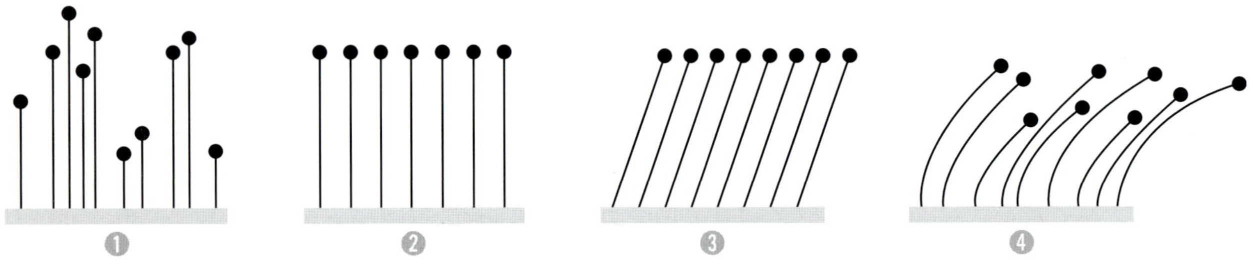

병행의 종류

제작과정

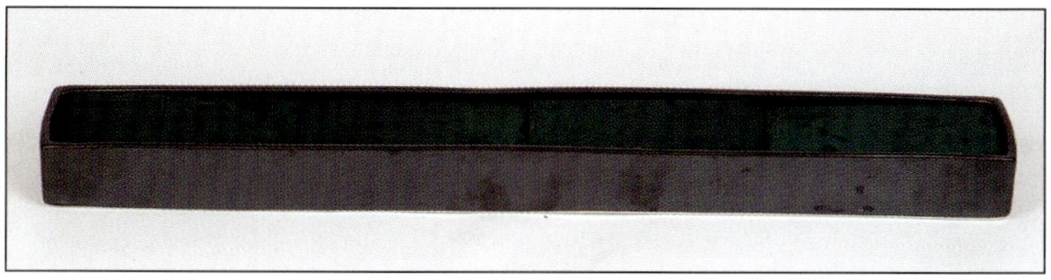

Step ❶

플로랄 폼을 화기 높이랑 같거나 조금 낮게 세팅한다.

Step ❷

플로랄 폼 윗면에 용수초를 이용하여 화기의 면을 채운다.

Step ❸

멕시코 조를 화기면의 뒤쪽에 수직으로 꽂는다.
이때 선이 교차하거나 바깥쪽으로 퍼지지 않게 한다.

Step ❹

왁스플라워는 아래 잎을 제거하고 밖으로 퍼지는 가지를 잘라내고 멕시코 조보다 낮게 꽂는다. 이때 왁스플라워 그룹끼리 높낮이가 있어야 한다.

Step ❺

에키나세아는 화기면의 뒤쪽에서 앞쪽으로 그룹끼리 높낮이를 형성하며 꽂는다.

Step ❻

꽃을 꽂으며 생긴 용수초와 용수초 틈 사이에 왁스플라워를 따서 깔아준다.

비더마이어 biedermeier

많은 양의 꽃을 빽빽하게 촘촘히 구성하는 매스 어렌지먼트(mass arrangement)의 하나로 형식적인 원형의 압축 양식이다. 빅토리아 시대 약 19세기 후반에 시작되었고 분위기는 평온함, 로맨틱한 이미지를 가지며 공간이 전혀 없도록 꽂는 것이 특징이다.

테이블 디자인 Table design

발렌타인 데이(Valentine Day)

한국이나 일본에서는 사랑에 빠진 여자가 사랑하는 남자에게 사랑을 고백하면서 초콜릿을 주는 날로 인식되고 있는 날인만큼 전체적인 색은 핑크와 레드를 통해 사랑을 표현하고, 선물상자와 와인 그리고 꽃과 함께 사랑스러운 분위기로 발렌타인 데이를 연출해 보았다.

***발렌타인 데이**

양력 2월 14일. 3세기경 원정하는 병사의 결혼을 금지한 로마 황제 클라우디우스 2세에 반대한 사제 발렌타인이 처형된 270년 2월 14일의 기념일과 이 날부터 새들이 발정(發情)을 시작한다고 하는 서양의 속설이 결합한 풍습이라고 한다.

Le Roux

소재

리시안서스

하이페리쿰

스프레이 카네이션

장미

천일홍

구성도

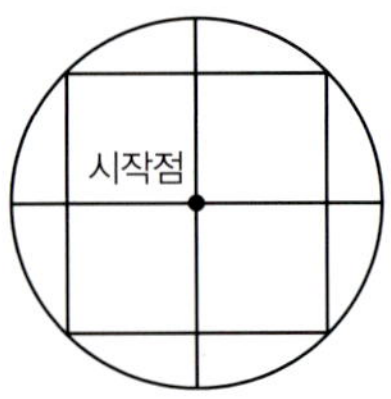

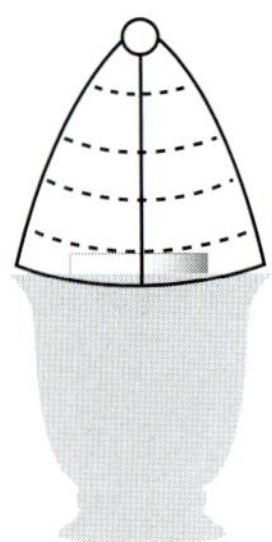

정면도

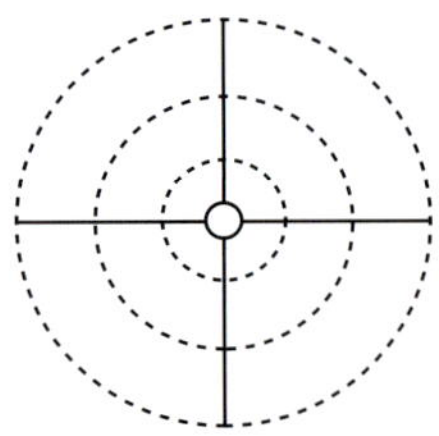

평면도

제작과정

Step ❶

플로랄 폼을 화기보다 3~5cm 높게 세팅한다.

Step ❷

반구형으로 리시안서스를 공간이 없이 빽빽하게 꽂는다.

Step ❸

질감의 대비로 하이페리쿰을 사용하여 사이사이에 꽂는다.

Step ❹

스프레이 카네이션을 촘촘히 열을 맞추어 꽂는다.
비더마이어 양식은 매스 어레인지먼트(mass arrangement)의 하나이다.

Step ❺

장미를 원의 형태로 꽂아 친근하고 편안한 느낌을 만들어 준다.

Step ❻

초점(focal point)은 장미로 중심에 꽂는다.

밀드플레 mille de fleur

19C 중반 꽃들이 매우 다양한 종류와 색들이 있었던 시대의 양식으로 낭만주의를 대표한다. 이 양식의 특징은 풍성한 느낌을 주며 꽃들은 하나의 초점을 향해 높이의 차이를 주면서 꽂아주며 대칭균형을 이룬다.

형태는 원형, 타원형, 삼각형 등으로 제작할 수 있으며 가치가 높고 특수한 꽃보다 작고 일반적인 꽃들을 다양하게 사용한다.

꽃들 사이에 공간과 깊이감을 고려해 디자인한다.

테이블 디자인 Table design

낭만주의(Romanticism)

질서가 잡힌 구도를 통해 전려한 미를 찾는 고전주의에 대항하여 동적인 리듬을 통해 인간 감정의 표출을 시도한 시기이다. 자연의 풍경이나 동물, 이국적 정서와 풍습 등 다양한 분야에서 이미지 모티브를 찾을 수 있다.

밀드플레는 많은 꽃, 수천 송이의 꽃들이란 의미를 가지고 낭만주의 시대를 대표하는 꽃꽂이 스타일이다. 핑크, 퍼플, 옐로, 그린 등의 색으로 티 세트와 연출하였다.

Flower & Table Design

소재

과꽃

케로에

리시안서스

장미

옥시

카네이션

썸바디

무늬둥글레(명자란)

델피니움

루모라

제작과정

Step ❶

플로랄 폼을 화기 위로 3~5cm 정도 높게 세팅한다.

Step ❷

관엽 식물인 루모라와 명자란을 높낮이를 주면서 자연스럽게 꽂는다.

Step ❸

라인 플라워인 델피니움으로 외곽선을 방사형으로 잡아준다.

Step ❹

매스 플라워인 장미로 높낮이를 2~3cm 정도씩 주면서 꽂아 라운드 형태의 외형을 만든다.

Step ❺

장미 사이에 리시안서스와 과꽃을 이용해 대칭으로 자연스럽게 연결시킨다.

Step ❻

필러 소재인 썸바디와 옥시로 공간 없이 풍성하게 채운다.

워터폴 waterfall

폭포수가 떨어지는 모습에서 착안된 형태로 낭만적이고 자연적이며, 캐스케이드의 현대적인 모습이라고 할 수 있다. 다양한 소재들을 겹겹이 얹어 부피감을 만들며, 가벼운 소재, 자연스러운 곡선의 형태를 지닌 소재를 사용하는 것이 좋다.

테이블 디자인 Table design

결혼식(Wedding)

전체적인 색 컨셉트는 화이트와 핑크로 잡고 워터폴형의 꽃과 케이크를 사용하여 웨딩 테이블을 연출하였다.

유리구슬과 샴페인 잔을 세팅하고 하얀색의 자수천을 테이블 크로스로 사용하여 깨끗하면서도 고급스러운 연출하였다.

***웨딩 케이크**

로마 시대에 여러 겹으로 말린 롤 형태의 빵을 신부의 머리 위로 부스러뜨려 결혼을 축하한 것에서 유래되었다. 축하의 의미뿐 아니라 두 사람의 행복이 영원하기를 바라는 염원이 담겨져 있다. 일반적으로 3단의 원형 형태에 주위를 꽃으로 장식하지만 1단으로 연출해 보았다.

소재

리시안서스

유칼립투스

미리오글라더스

장미

소국

스프레이 카네이션

옥시

베로니카

호엽란

구성도 (워터폴 디자인의 외곽선)

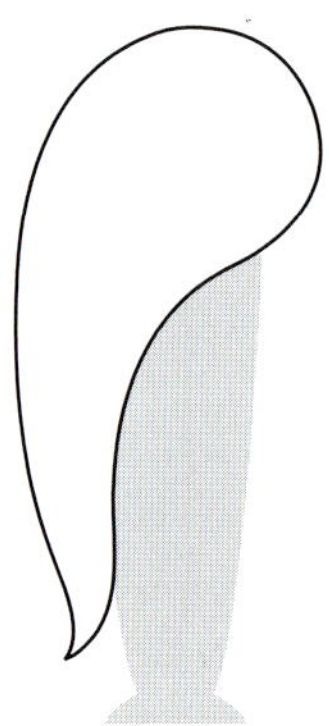
측면도

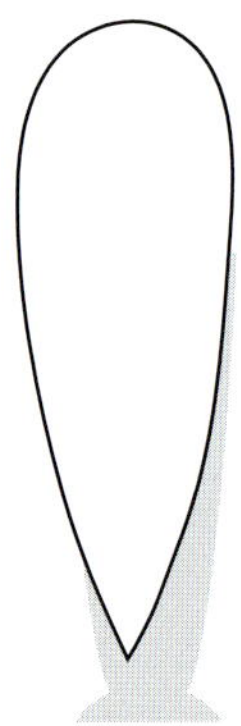
정면도

제작과정

Step ❶

폼을 높게 세팅하고 리시안서스로 외곽선을 꽂는다.

Step ❷

미리오글라더스와 유칼립투스로 리시안서스 사이의 공간을 채운다.

Step ❸

장미로 초점(focal point)을 잡고 전체 윤곽을 꽂는다.

Step ❹

소국과 카네이션을 꽂아 공간처리를 한다.

Step ⑤

옥시랑 베로니카를 꽂아 화사한 느낌을 준다.

Step ⑥

호엽란을 꽂아 아래로 떨어지는 느낌을 준다.

피닉스 phoenix

불사조가 아라비아 사막에서 500년 정도 살다가 스스로 불타고 그 재 속에서 새롭게 재생한다는 전설 속의 새가 피닉스인데 그 새의 이름에서 유래되었다. 이 디자인은 원형의 빽빽한 디자인의 중앙에 분수가 솟는 것처럼 표현한다. 이 양식은 부활, 재생, 영생, 희망을 상징한다.

파티에 센터피스나 장식용으로 주로 사용한다.

테이블 디자인 Table design

에스닉(Ethnic)

민속적이고, 토속적이며 전통적인 스타일이다. 오리엔탈리즘보다 간결하면서 섬세한 이미지로 원시 자연으로 회귀하고자 하는 느낌을 많이 강조한다.

특정 민족의 독특한 스타일의 의미하는 에스닉은 민족적이라고 풀이하며 여러 나라의 생활 풍습, 민속 의상, 장신구 등을 함께 연출할 수 있다.

에스닉풍으로 디자인할 때 특징은 자연소재를 많이 사용하고, 원색을 많이 사용한다는 것이다. 화려한 옐로 테이블클로스에 원색의 나무식기를 사용하여 자연소재를 사용함을 보여 주도록 연출해 보았다.

Flower & Table Design

소재

갈대

강아지풀

명자란

루모라

장미

거베라

연밥

에키나세아

범부채

소국

마타리

왁스플라워

구성도

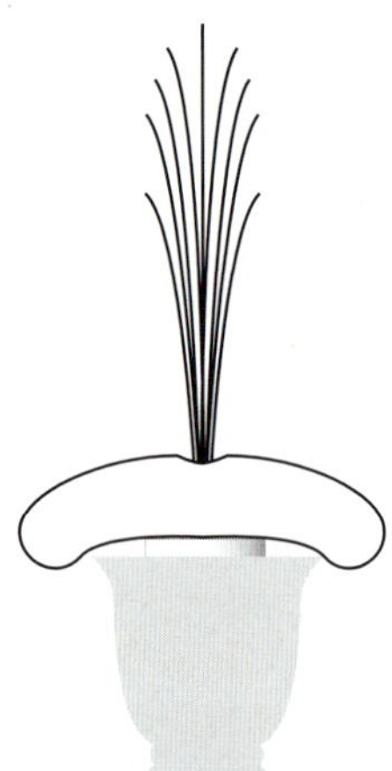

측면도 & 정면도

제작과정

Step ❶

플로랄 폼을 화기보다 3~5cm 정도 높게 세팅한다.

Step ❷

라인 소재인 갈대를 중앙에 수직으로 높게 상승하는 느낌으로 꽂아준 뒤 강아지풀을 갈대 사이에 넣어 부피감을 준다.

Step ❸

명자란과 루모라를 원형의 형태로 플로랄 폼을 가려준다.

Step ❹

매스 플라워인 장미로 2~3송이씩 비대칭 그루핑을 이용해 원형의 형태로 만든다.

Step ❺

폼 플라워에 속하는 거베라와 연밥도 높이의 차이가 크지 않게 비대칭 그루핑을 이용해 원형의 형태를 보완해 준다.

Step ❻

필러 소재인 마타리와 왁스플라워를 원형의 형태로 빈 공간 없이 빽빽하게 꽂는다.

돔형 dome style

귀엽고, 즐거운 느낌이 강한 반구체의 디자인으로 볼의 1/2를 자른 모양을 화기 위에 얹어 놓은 모양으로 디자인한다. 기본 초점에서 방사형으로 중심대칭을 이루어 꽂으며 이때 외곽선(outline)을 정확히 표현할 수 있는 소재를 사용한다.

면을 표현할 수 있는 소재를 선택하며 아웃라인을 정확하게 표현하는 것이 디자인의 포인트이다.

테이블 디자인 Table design

빅토리아(Victoria)

빅토리아 양식은 네오로코코, 엘리자베스, 자코비안, 고딕 양식이 혼란스럽게 복합되었다.

빅토리아 시대는 산업혁명으로 인하여 도자기와 실버웨어가 대량으로 생산되어 중산층에서도 다양한 테이블 연출이 가능하였으며, 현대 도자기의 주종을 이루는 본차이나 생산이 정착되고 더불어 백색 도자기가 완성된 시기이다. 섬유에 있어 자수가 인기 있었으며, 특히 가느다란 끈과 바늘로 레이스를 만든 털실세공이 유행하였다.

레드, 퍼플 색을 강조하여 티 세트와 함께 연출하였다.

소재

장미

루모라

리시안서스

백묘국

하이페리쿰

잎안개

구성도

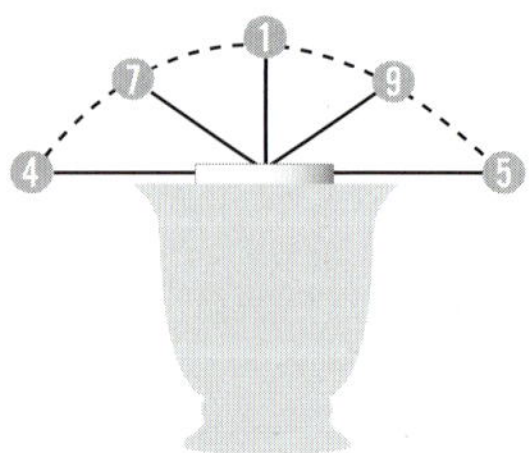

정면도 & 측면도

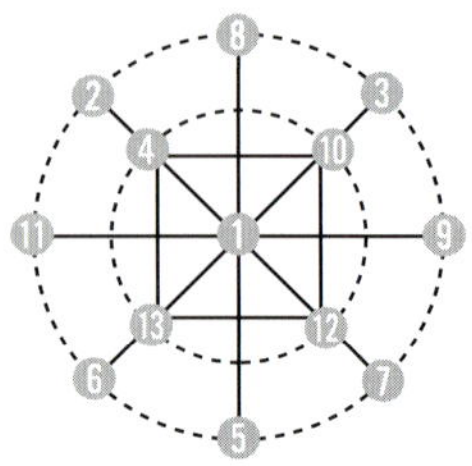

평면도

제작과정

Step ❶

플로랄 폼을 화기보다 3~5cm 높게 세팅하고, 장미 한 송이를 화기 중심에 수직으로 배치하고 장미 3송이를 화기와 90°를 이루도록 수평으로 배치한다.

Step ❷

먼저 꽂은 장미 사이에 장미 6송이를 사이사이에 배치한다.

Step ❸

기본 윤곽을 형성한 다음 장미를 꽂는다.

Step ❹

루모라를 장미 사이에 꽂는다.

Step ❺

리시안서스를 장미 사이에 꽂는다.

Step ❻

백묘국과 하이페리쿰을 리시안서스와 장미 사이에 꽂는다.

Step ❼

잎안개를 사이사이에 흩어지게 꽂는다.

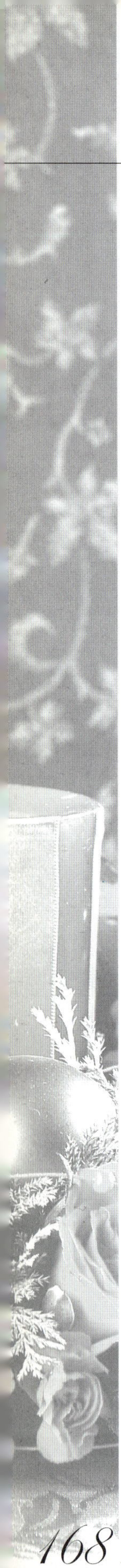

리스 table wreath

테이블을 장식하는 리스로 독일어로는 크란츠라고 도 한다.

리스란 끝도 시작도 없는 영원성을 상징하며 장례식, 결혼식, 크리스마스 장식, 벽장식, 공간장식으로 테이블 장식용으로도 처음도 끝도 없는 고리 모양으로 디자인한다. 원형의 플로랄 폼 베이스에 꽃과 잎을 배치하며 디자인한다.

테이블 디자인 Table design

크리스마스(Christmas)

골드, 레드, 녹색 등 크리스마스를 나타내는 대표적인 색을 활용한 테이블세팅이다. 크리스마스 볼과 리스 양초를 센터피스로 사용하여 한층 크리스마스 분위기를 더하였다. 양초에 리본을 붙이고 불을 붙여 따뜻하고 훈훈한 분위기를 강조해 보았다.

리스는 동그라미, 화환이란 뜻으로 크리스마스 리스가 제일 흔하게 쓰인다. 오래 전 그리스나 로마 사람들도 리스를 사용하였는데 로마인들은 머리에 쓰는 관으로 쓰기도 하였다 한다. 그 대표적인 예가 월계수관이다.

소나무와 더불어 여러 종류의 꽃과 과일로 크리스마스 리스를 만들어 벽에 걸거나 대문에 장식하거나 테이블 위에 초와 함께 데코레이션용으로 사용한다.

소재

장미

스프레이 카네이션

편백

리스형 플로랄 폼

솔방울, 볼

별 갈란드

초

구성도

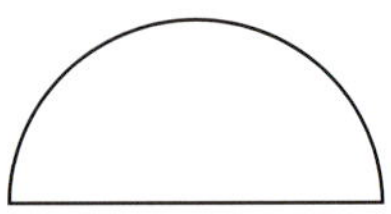

반원형

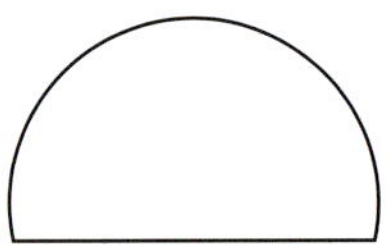

2/3원형

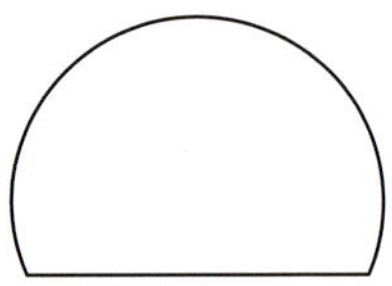

3/4원형

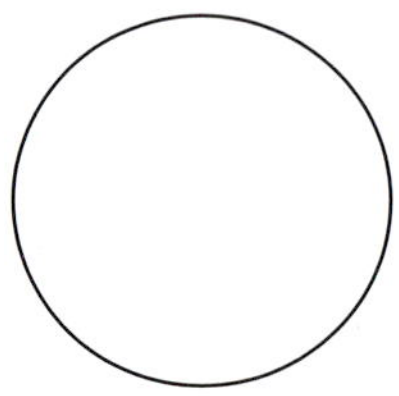

원형

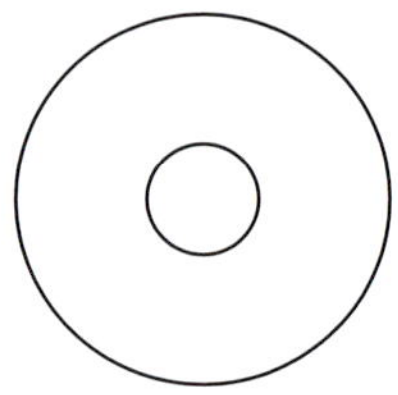

평면도

제작과정

Step ❶

원형의 플로랄 폼에 편백을 짧게 잘라 꽂는다.

Step ❷

큰 볼과 작은 볼을 섞어 꽂는다.

Step ❸

솔방울에 와이어를 묶어 꽂는다.

Step ❹

볼과 솔방울 사이사이에 장미를 꽂는다.

Step ❺

스프레이 카네이션을 비어 보이는 부분에 전체적으로 꽂아 원형의 모양을 만든다.

Step ❻

장식용 별 갈란드를 길게 풀어 리스에 둘러준다.

갈란드 garland

꽃이나 잎, 열매를 사용하여 테이프나 와이어, 끈으로 감아 재료들을 길게 엮어 꽃줄기 형태로 만드는 것을 갈란드라 한다.

소재

델피니움

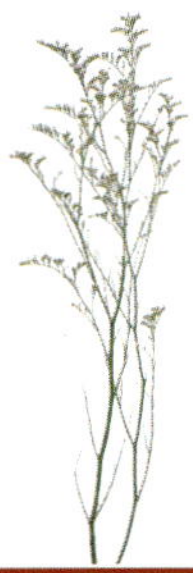
카스피아

하이페리쿰

스마일락스

왁스플라워

Flower & Table Design

제작과정

Step ❶

디자인 와이어로 카스피아를 짧게 다듬어 연결하여 고정시킨다.

Step ❷

스마일락스로 갈란드 전체를 자연스럽게 둘러준다.

Step ❸

왁스플라워를 사이사이에 끼워준다.

Step ❹

하이페리쿰도 짧게 잘라 갈란드 사이사이에 입체감이 느껴지도록 꽂는다.

Step ❺

델피니움 꽃잎을 따서 약간의 포인트를 준다.

가든 플라워 garden flower

식물들이 자연에서 생육하듯이 자연의 특성 환경에 최대한 가깝게 표현하는 것이 특징이다. 소재들의 고유한 가치, 형태, 운동성, 자연의 위치, 계절성 등을 최대한 고려해서 구성한다. 바닥도 자연과 같이 돌, 낙엽, 이끼 등을 이용하여 높낮이 있게 구성한다.

소재

여뀌

강아지풀

미니 루드베키아

과꽃

제작과정

Step ❶

플로랄 폼을 화기보다 낮게 세팅한다.

Step ❷

자갈, 나뭇가지 등을 이용하여 자연의 땅처럼 굴곡 있게 표현한다.

Step ❸

여뀌의 선을 살려서 주그룹, 부그룹으로 나누어 꽂는다.

Step ❹

루드베키아를 여뀌보다 낮은 선으로 유지해서 큰 그룹과 작은 그룹으로 리듬 있게 표현한다.

Step ❺

강아지풀을 가장 높게 그루핑 기법으로 꽂는다.

Step ❻

노란색 루드베키아와 보색대비를 이루는 보라색 과꽃을 낮게 꽂아 악센트로 표현한다.

콘 디자인 cone design

비잔틴 시대(320~600AD)에 처음 도입된 원추형 디자인은 잎줄기를 원추의 나무형태로 용기에 배열하여 꽃과 과일을 어레인지먼트의 밑에서부터 꼭대기까지 나선형으로 배열하였다. 콘 디자인은 둥근형이지만 피라미드와 형태가 비슷한 입체적 수직 이등변삼각형이라고 할 수 있다. 크리스마스 때에 흔히 사용되는 회양목으로 만든 원추형의 토피어리는 이러한 디자인의 한 예이다. 이 디자인은 테이블 어레인지먼트의 장식용으로도 사용되며 풍부하고 화려한 디자인이다. 테이블 센터피스일 경우에는 낮고 둥근 용기가 이 디자인에 사용된다.

소재

거베라

장미

강아지풀

소국

왁스

풍선초

가지, 방울토마토,
미니파프리카

미리오글라더스

소국

무늬둥글레(명자란)

제작과정

Step ①

플로랄 폼을 콘형으로 세팅한다. 콘형은 사방으로 균일하게 형태를 유지하도록 돌려가며 꽂는 것이 중요하다.
여러 장의 플로랄 폼을 연결할 때는 우드픽을 이용하여 단단하게 고정하는 것이 중요하다.

Step ②

잎 소재로 바닥에 돌려 꽂는다.

Step ❸

면이 넓은 소재인 거베라와 색이 진한 가지로 큰 면을 분할한다.

Step ❹

미니파프리카, 레몬, 풍선초 등으로 작은 면을 분할하고 미리오 글라더스로 경계를 구분한다.

Step ⑤

장미와 소국을 그루핑으로 소재끼리의 색을 연결하듯 꽂는다.

Step ⑥

방울토마토를 입체감 있게 꽂아주고 강아지풀과 왁스를 형태감을 살려 콘의 끝부분이 뾰족한 형태를 유지하도록 표현한다.

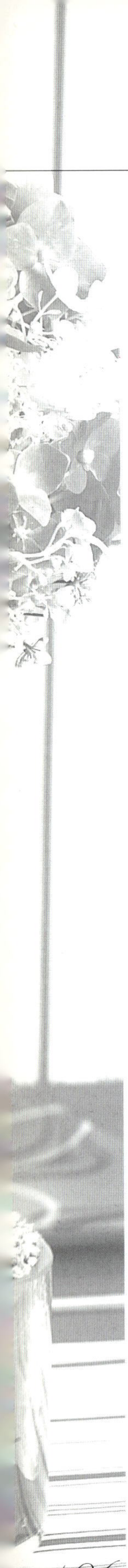

토피어리 topiary

자연 그대로의 식물을 인공적으로 다듬어 여러 가지의 특수한 형태를 얻어내는 것으로서 17~18C 유럽에서 유행한, 공간 장식, 테이블 장식이다. 토피어리에 쓰이는 소재로는 꽃이나 잎, 포프리 등을 사용한다.

테이블 디자인 Table design

미니멀(Minimal)

단순함과 간결함을 추구하는 예술과 문화적인 흐름으로 요약할 수 있는 미니멀은 제2차 세계대전을 전후하여 시각예술 분야에서 출현하여 음악, 건축, 패션, 철학 등 여러 영역으로 확대된 다양한 모습으로 나타나고 있다. '최소한도의, 최소의, 극미의' 라는 minimal에 'ism' 을 덧붙인 미니멀리즘이라는 용어는 1960년대부터 쓰이기 시작했다. 레드와 화이트 그리고 그린을 포인트로 사용하여 간결함을 강조하고 스프라이트 줄무늬와 기하학적인 문양을 지닌 접시를 사용해 미니멀에서 강조되는 단순한 선의 미를 살려 보았다. 자칫 경직되게 느껴질 수 있는 테이블의 전체분위기를 토피어리의 라운드로 균형을 잡아 분위기를 연출하였다.

소재

산수국

수국

대극도

구성도

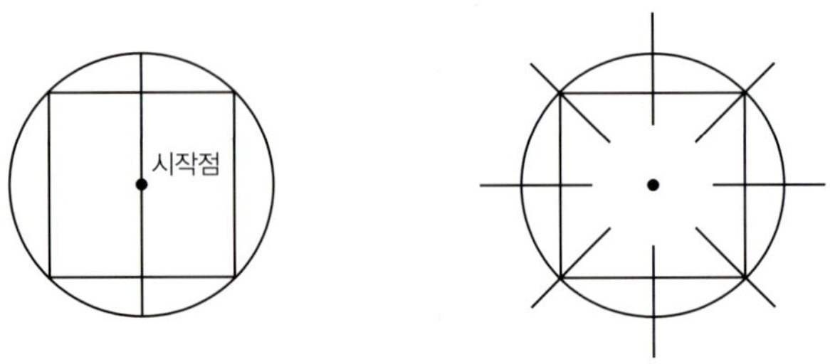

평면도

정면도

제작과정

Step ❶

유리 화기 안에 대극도(파초일엽)를 넣은 후 플로랄 폼을 유리 화기보다 조금 낮게 세팅한다.

Step ❷

삼지닥나무를 플로랄 폼 한가운데에 안정감 있게 꽂는다.

Step ❸

플로랄 폼을 구형으로 자른 후 삼지닥나무에 꽂아 단단하게 고정시킨다.

Step ❹

매스 플라워인 산수국과 핑크 수국을 같은 길이로 빈 공간 없이 동일한 높이로 꽂는다.

Step ❺

수수열매를 잘게 잘라 플로랄 폼 윗면을 가려준다.

도일리 doily

도일리는 케이크 밑에 까는 레이스 모양의 종이로, 이 종이나 다른 재료를 사용하여 둥근형의 꽃다발 밑에 받치는 기초를 만든다.

용도는 테이블 장식과 선물용으로 나뉘고 디자인의 종류는 전체 메꾸기와 부분 메꾸기로 나뉜다. 소재는 계절에 나는 잔잔한 꽃이나 열매를 사용한다.

테이블 디자인 Table design

이미지 연출

테이블에서 리넨의 일종인 도일리는 레이스 등으로 만든 탁상용 작은 그릇을 받치는 깔개나 작은 냅킨 등을 말하게 되는데, 꽃꽂이에서는 도일리(도넛 모양) 화기를 이용한 스타일을 칭한다. 중앙에 구멍이 뚫린 도넛 모양의 화기에 플라워를 디자인하여 연출하였다.

Flower & Table Design

소재

하이페리쿰

후록스

소국

스토크

공작

제작과정

Step ❶

도일리 화기에 플로랄 폼의 크기를 정한 뒤 치킨 와이어로 고정한다.

Step ❷

필러 플라워인 후록스를 플로랄 폼에 꽂는다. 화기 크기에 맞게 너무 큰 꽃보다는 조화로울 수 있는 작은 꽃들을 이용하는 것이 좋다.

Step ❸

색채를 조화롭게 하기 위해 보라색의 겹 스토크를 중간중간에 넣어준다.

Step ❹

보라의 공작과 소국을 스토크와 후록스를 연결하는 느낌으로 형태에 어긋나지 않게 동글한 느낌으로 꽂는다.

스프레이 셰이프 spray shape

화기 위에 꽃다발을 얹은 모양이나 물방울 모양으로 구성한 꽃꽂이로 줄기와 꽃이 자연스럽게 연결되어 있는 것처럼 보이게 양쪽에서 연결하여 꽂는 것이 특징이다. 스프레이 셰이프에는 입체적으로 구성하는 것과 평면적으로 구성하는 것이 있다.

자연의 줄기를 그대로 나타내어 줄기의 아름다움을 강조한 장식성이 돋보이는 디자인이다.

소재

공작

장미

베로니카

과꽃

미리오글라더스

구성도

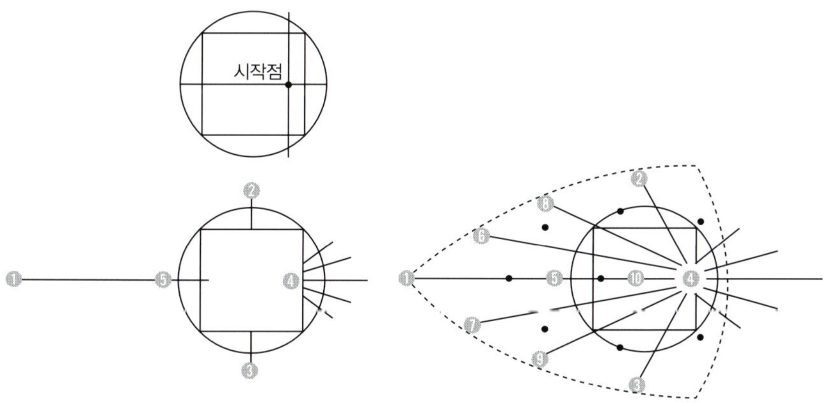

평면도

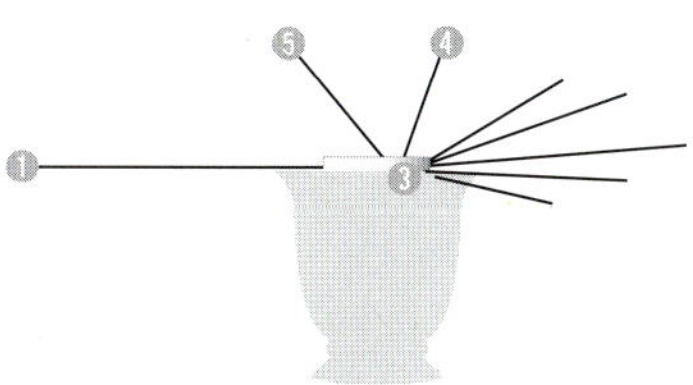

측면도

Step ❶

화기에 플로랄 폼을 5~6cm 정도로 올라오게 세팅한다.

Step ❷

라인 플라워인 베로니카로 전체 형태가 삼각구도를 형성하도록 꽂는다.

Step ❸

줄기가 너무 높거나 아래로 처지지 않도록 하여 꽃과 줄기가 자연스럽게 연결되도록 한다.

Step ❹

꽃과 줄기 부분의 비율이 5:8, 3:8로 하여 매스 플라워인 장미를 꽂는다.

Step ❺

모든 소재가 한 지점에서 퍼져 나온 듯하게 모양을 잡고 공작과 미리오글라더스를 꽂는다.

Step ❻

곁꽃을 꽂으면서 꽃과 줄기가 한 방향을 향하게 하여 시각의 균형을 유지한다. 마치 꽃다발 하나를 살짝 얹은 듯하게 꽂는다.

초와 꽃을 이용한 장식

서양의 테이블 장식에 있어서 초는 꽃과 함께 필수적인 요소이다. 초는 촛대를 비롯해 여러 가지 형태로 장식할 수 있는데, 이 작품에서는 촛대를 대신해 오브제를 이용하여 초와 꽃을 함께 장식하였다.

소재

스프레이 카네이션

옥시

불로초(꿩의 비름)

아게라덤

해바라기

제작과정

Step ❶

화기의 비어 있을 곳을 고려하여 플로랄 폼을 세팅하고 빈 곳은 자갈로 채워준다.

Step ❷

전체 길이의 1/3 지점에 주그룹으로 미니 해바라기를 꽂고 끝 쪽으로 부그룹을 꽂는다.

Step ❸

녹색의 불로초를 꽃들의 경계로 꽂아 채워준다.

Step ❹

아게라덤을 양쪽 끝에서 선을 살려 꽂아주고 리듬감 있게 연결한다.

Step ❺

스프레이 카네이션으로 공간을 채워준다.

Step ❻

옥시를 가볍게 악센트로 꽂는다.

中食(중식)

중국 상차림은 원탁에 테이블클로스를 씌워 일반적으로 사용한다. 빨강색, 황금색을 길운을 가져다주는 색으로 선호하는 중국문화를 나타내고자 붉은색 꽃을 사용하여 붉은색을 좀 더 강하게 강조하고 푸른색 식기로 세팅하여 중국식 테이블을 세팅하였다.

소재

범부채

거베라

구로사비카

안스리움

호엽란

Step ❶

화기에 플로랄 폼의 2cm 정도로 높게 세팅한다.

Step ❷

중앙에 범부채를 꽂아 중심을 잡아준다.

Step ❸

폼 플라워인 안스리움으로 화려하게 꽂는다.

Step ❹

부드러운 선을 강조하기 위해 호엽란을 늘어뜨린다.

Step ❺

거베라를 시각상의 초점꽃으로 꽂는다.

Step ❻

구로사비카를 꽃과 꽃 사이에 부드러운 느낌이 나도록 꽂는다.

日食(일식) 이케바나(いけばな)

일식은 독상을 기본으로 한다. 적은 양의 음식을 여러 차례 내는 것이 기본이므로 식기를 많이 사용하지 않고 심플하게 세팅한다. 상을 이용하지 않을 경우 다양한 매트나 트레이를 활용해서 독상의 분위기를 낼 수도 있다. 대나무 발과 매트, 식기를 사용하여 일식 스타일을 연출해 보았다.

꽃이나 소재 선택 시, 그 자체의 선이 잘 살아 있는 것을 선택한다.

● 이케바나 기본형

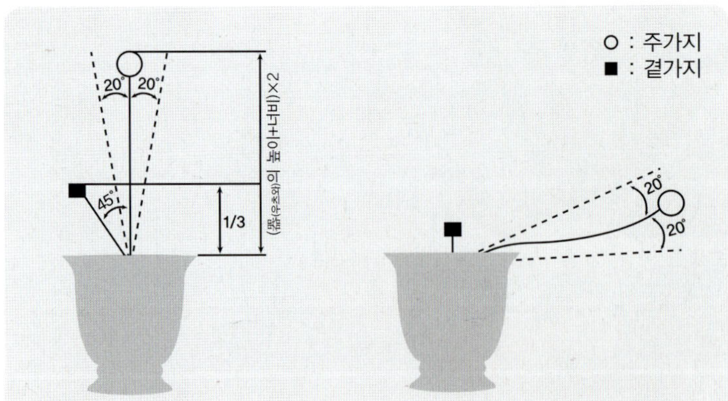

세우기형(たてるかたち)　기울이기형(かたむけるかたち)

Flower & Table Design

소재

안스리움

연산홍

다알리아

제작과정

Step ❶

줄기를 잘라, 이쑤시개를 이용하여 "十"모양을 만들어 화기 목 부분에 걸쳐 놓아 고정을 돕는다(단, 목이 긴 꽃병을 이용할 경우).

Step ❷

화기(うつわ, 器)의 (높이＋너비)×2의 길이로 주가지(しゅし, 主枝)를 잘라 전후좌우 20° 한도 내에서 꽂는다.

Step ③

주가지(しゅし, 主枝)의 1/3 정도의 길이로 곁가지(きゃくし, 客枝)를 잘라 화기(うつわ, 器)의 단면과 45°, 즉 꽂는 이와 꽃 얼굴이 마주보도록 정면으로 꽂는다.

Step ④

주가지가 곁가지의 높이를 넘지 않도록 주의하면서 꽂이나 소재를 보충한다.

Step ❺

전체적인 재료들의 선을 파악한 후, 적정한 곳에 포인트되는 꽃을 꽂아 전체적인 공간구도에서 빈 공간이 많지 않도록 조정한다.

Flower & Table Design

침봉을 이용한 꽃꽂이

수반 위에 침봉을 이용하여 다래넝쿨을 주지로 세우고 자리공으로 선을 표현해준다.
시베리아와 연밥, 코르딜리네, 코르딜리네 레드에지, 은사철로 침봉을 가려준다.

하드캐주얼

하드캐주얼 스타일은 넓은 의미에서 캐주얼에 속한다고 할 수 있다. 그러나 하드캐주얼은 좀더 거칠고 힘이 느껴지는 연출이 특징이다. 양철통에 자연스럽게 꽃을 연출하고 나무 바구니에 넣어 캐주얼보다 거친 질감과 소재를 사용했다. 또한 다소 거친 조직감을 가진 냅킨을 사용하여 하드캐주얼의 느낌을 강조해 보았다.

소재

스킨답서스

구로사비카

꽈리

왁스플라워

백일홍

하이페리쿰

마타리

조

루드베키아

ULIN ET FILS
Pour Potager et Verger
MES BOUTURES
Codette di Cioccolato

Step ❶

플로랄 폼을 양철통 안에 3~5cm 정도 낮게 세팅한다.

Step ❷

스킨답서스로 플로랄 폼을 가려준다.

Step ❸

꽈리와 백일홍으로 외곽의 형태를 잡는다.

Step ❹

마타리와 루드베키아, 하이페리쿰으로 공간을 채운다.

Step ❺

구로사비카와 왁스플라워로 빈 곳에 비대칭으로 꽂는다.

Step ❻

조는 높낮이를 주면서 자연스러운 형태로 꽂는다.

Flower & Table Design

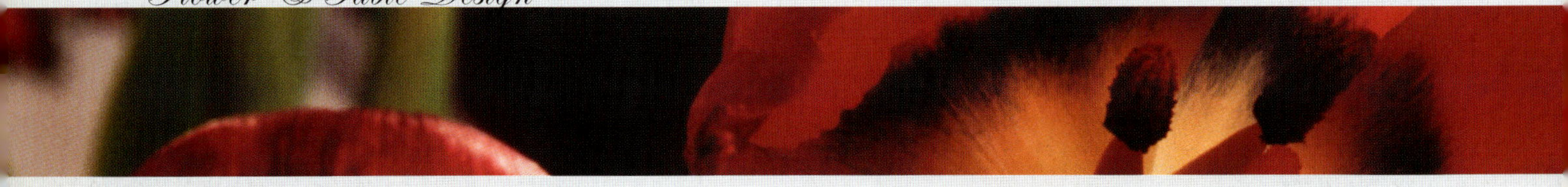

02 플라워 디자인의 기법

- 랜드스케이프
- 뉴 컨벤션

랜드스케이프 landscape

풍경양식, 자연적인 디자인 양식으로 일정공간의 풍경을 축소하여 담아내는 것으로 가든양식이라고도 한다.

정원에서 많은 영향을 받으며 대자연을 묘사하는 범위까지 확대되고 식물소재들의 표정과 환경을 표현하고 있는것이 특징이다.

▪ 베이싱(basing)

베이스가 되는 부분에 파베, 테라실, 터프링 등의 기법을 사용해 좀더 세밀하고 아름답게 처리하는 방법이다. 초점, 질감을 돋보이게 하고 싶은 경우에 많이 사용한다.

▪ 바인딩(binding)

재료들을 단단히 묶은 것을 말하며, 대부분의 꽃다발들은 바인딩 포인트를 가지고 있다. 장식적으로 묶어 주는 것이 아니라 기능적으로 묶어 주는 것이지만 패러럴(parallel)은 예외가 되기도 한다.

▪ 번들링(bundling)

비슷한 재료들을 모아 단단히 묶는 것을 말한다. 바인딩 포인트와 다르며, 이것은 여러 지점에 묶을 수 있다. 짚이나 건초를 크게 한 덩어리로 묶는 것도 여기에 속한다.

▪ 밴딩(banding)

특별히 강조해 주고 싶은 줄기나 가지를 더욱 돋보이게 하기 위해 사용하는 기법으로 사람이 팔찌를 끼는 것처럼 컬러 와이어, 라피아 등을 반복적으로 묶어서 그 부분이 돋보이게 한다(바인딩과는 달리 장식적으로 사용된다).

▪ 번칭(bunching)

비슷한 재료를 함께 고정시켜서 꽂기 좋게 만드는 테크닉이다. 한꺼번에 많은 양을 꽂고 싶거나 소재의 줄기가 가늘어 꽂기가 불편한 경우에 많이 사용한다.

■ 프레이밍(framing)

특정한 부분이나 작품의 전체가 돋보일 수 있도록 선 또는 면적인 소재로 둘러 싸거나 소재가 시각적 연장선으로 둘러싸인 것처럼 보이게 한다. 작품 전체를 프레밍으로 둘러싸기도 하지만 초점 부분을 강조하기도 한다.

■ 스태킹(stacking)

약간의 부피감을 가진 소재를 차곡차곡 쌓아 더 큰 부피감을 만들어 주는 것을 말하며 소재와 소재 사이의 공간을 최소화해야 한다.

■ 테라싱(terracing)

깊이감 있는 베이싱을 위해 거베라 같은 면적인 소재를 계단 모양으로 차례로 배치하는 것이다. 베이싱은 지나치게 납작해지는 것을 막을 수 있으며 테라싱을 통해 시각적인 경로를 제공하기도 한다.

■ 파베(pave)

보석 디자인에서 유래된 말로 작은 보석들을 빽빽하게 부착시키는 것을 말한다. 베이싱에서 꽃들을 빽빽하게 꽂아 질감을 강조하고 싶을 때 많이 사용한다.

■ 섀도잉(shadowing)

깊이감이나 입체감이 필요한 경우 같은 소재를 가깝게 배치하여 그림자처럼 보이게 하는 방법이다. 두 개의 소재 간 간격을 지나치게 멀리 두지 않도록 조심해야 한다.

■ 터프팅(tufting)

질감적 표현을 위해 베이스에 거칠거칠한 것들을 굴곡 있게 꽂아 주는 것이다.

■ 콜라링(collaring)

완성된 부케, 꽃다발이나 화기의 가장자리에 다른 장식(나뭇잎, 리본, 깃털 등)을 둘러주는 것으로 가장자리가 깨끗하게 정리된 이미지를 준다.

■ 클러스터링(clustering)

하나씩 사용하기에 너무 작고 가치가 낮은 소재를 뭉치로 꽂아 색, 질감 등이 돋보이게 하는 기법이다. 작은 꽃들을 많이 사용한다.

Landscape

■ 프레이밍[framing]

■ 밴딩[banding]

■ 스태킹[stacking]

■ 스태킹[stacking]

■ 콜라링[collaring]

■ 섀도잉[shadowing]

■ 번칭[bunching]

■ 파베[pave]

■ 클러스터링[clustering]

■ 터프팅[tufting]

뉴 컨벤션 new convention

식물의 소재들을 수평의 그룹과 수직의 그룹으로 구성하는 디자인이다.

수평의 그룹들과 수직의 그룹들이 직각으로 배치되며 앞면과 뒷면, 측면의 긴 연장선이 이루어진다.

소재의 형과 선을 여러가지 기법과 배치를 활용하여 시각적 균형을 맞춰야 하며, 수직과 수평의 구성 사이에 negative place를 형성하도록 한다.

▪ 그루핑(grouping)

같은 종류의 성격을 가진 꽃(유사한 꽃, 같은 색, 유사한 색 등)을 모아서 배치하는 방법으로 소재들이 집단으로 모여 있어 깨끗하고 정리된 느낌을 준다(그룹과 그룹 사이에 반드시 공간이 필요하다).

▪ 조닝(zoning)

비슷한 성격의 소재들을 일정 구역 안에 배치하는 것을 말하며, 그루핑보다는 조금 더 큰 개념으로 생각할 수 있다. 비슷한 성격의 그루핑들이 하나의 존(zone)이 되기도 한다.

▪ 시퀀싱(sequencing)

소재의 형태, 크기, 색, 질감 등을 점진적으로 배열하는 방법이다. 크고 어두운 소재는 중심 쪽에, 작고 밝은 소재들은 가장자리에 사용해서 점차적인 소재의 변화를 통해 시각적인 안정감을 줄 수 있다.

▪ 베이링(veiling)

가벼운 재료를 사용해 투명한 스크린을 겹겹이 만드는 형식으로 워터폴 디자인에 많이 사용된다.

■ 레이싱(lacing)

베이스(꽃병) 디자인에 많이 사용하는 기법으로 식물의 줄기를 화기 안쪽에서 심하게 교차시켜 고정하는 방법이다. 곁가지가 있는 가지를 먼저 사용하면 고정하기가 쉽다.

■ 브레이딩(breiding)

식물소재나 그 외의 리본, 긴 잎 등을 서로 바느질하듯 엮어 주는 방법으로 장식적인 디자인에 다양하게 사용된다.

■ 미러잉(mirroring)

작품에서 두 개의 소재가 거울을 보는 것처럼 구성하는 방법이다. 두 개의 소재가 마주보기도 하지만 작품의 한 부분이 그대로 반복되기도 한다.

■ 테이러링(tailoring)

소재를 사용 목적에 맞게 재단하는 것으로 큰 잎이나 소재를 작게 잘라 사용할 수 있다.

■ 업스트렉팅(abstracting)

재료들을 부분적으로 제거하거나, 인위적으로 특이한 형태를 만드는 것과 같이 식물을 추상적으로 변화시켜서 사용하는 방법이다.
것이다.

■ 필로윙(pillowing)

평면적인 베이싱을 피하기 위해 마치 베개의 형상으로 언덕처럼 작은 꽃들을 꽂아 주는 방법이다.

■ 레이어링(layering)

면을 가진 소재를 차례대로 겹쳐 부피감 있는 넓은 면을 만들어 주는 것을 말한다. 작은 소재라도 입체나 면의 표현이 가능하다.

New Convention

■ 업스트렉팅[abstracting]

■ 그루핑[grouping]

■ 시퀀싱[sequencing]

■ 섀도잉[shadowing]

■ 섀도잉[shadowing]

참고문헌

- 문향꽃꽂이중앙회(1989). 꽃예술사계. 신일문화사.
- 고정숙(2004). 꽃예술작가를 위한 간추린 플라워디자인. 도서출판 인아.
- 한국원예학회 편(1999). 신제 생활원예. 향문사.
- 편집부 편(2006). 웨딩/장례/성전꽃예술. 도서출판 인아.
- 이유주(2006). 테이블 플라워디자인. 경춘사.
- 성문출판사 편집부(1007). 코리아 플라워 콜렉션. 도서출판 인아.
- 한국화예디자인학회 편(2003). 한국화예대사전. 도서출판 인아.
- 한명순(2007). 화예기본디자인Ⅰ·Ⅱ·Ⅲ. 도서출판 미래공감.
- 장은옥 · 김혜정(2005). 화훼장식 기능사 필기문제. 크라운출판사.
- 한국화훼장식교수연합회(2004). 600가지 꽃도감. 부민문화사.

찾아보기

저자소개

김경애
고려대학교 원예과학 석사
사)한국꽃꽂이협회 심향꽃예술중앙회 회장
CeBo flower school 원장
(www.ceboflower.co.kr, Tel: 02-588-6961)

김경임
고려대학교 대학원 식품생명공학 전공(이학박사)
현재 혜전대학 호텔조리외식계열 푸드스타일링 전공 주임교수

김경미
경기대학교 대학원 외식조리관리학 전공(박사 수료)
현재 푸드앤스타일 대표이사(www.foodandstyle.co.kr)
여주대학교 가정계열 푸드코디네이션 전공 겸임교수

정 경
성신여자대학교 대학원 식품영양학 석사
현재 파프리카 푸드코디네이션 팀장
혜전대학 호텔조리외식계열 푸드스타일링 전공 겸임교수

유지현
경기대학교 관광대학원 식공간연출 전공(석사)
현재 푸드앤스타일 촬영팀장
우송공업대학 식품과학계열 푸드코디네이트 전공 강사

권희경
고려대학교 원예과학과 석사
독일 Florist
현재 CeBo flower school 강사

한고운
고려대학교 원예과학과 박사과정
독일 Florist
현재 컬러리스트기사

이지은
고려대학교 원예과학과 석사
독일 Florist
현재 CeBo flower school 강사

Flower & Table Design
플라워 & 테이블 디자인

2007년 10월 20일 초판 발행
2012년 8월 17일 2쇄 발행

지은이 김경애 외
펴낸이 류제동
펴낸이 (주)교문사
디렉터 양계성
책임편집 김지연
디자인 (주)빅피쉬
제작 김선형
영업 정용섭 · 이진석 · 송기윤

출력 현대미디어
인쇄 삼신문화사
제본 한진제본

우편번호 413-756
주소 경기도 파주시 교하읍 문발리 출판문화정보산업단지 536-2
전화 031-955-6111(代)
FAX 031-955-0965
출판등록 1960. 10. 28 제1-2호
홈페이지 www.kyomunsa.co.kr
E-mail webmaster@kyomunsa.co.kr
ISBN 978-89-363-0876-6 (93590)

값 22,000원

* 잘못된 책은 바꿔드립니다.